Rolf Marschner

BASISWISSEN: Rechtliche Grundlagen für die Arbeit in psychiatrischen Einrichtungen

Psychiatrie-Verlag

Die Reihe *Basiswissen* wird herausgegeben von:
Michaela Amering, Ilse Eichenbrenner, Hiltrud Kruckenberg,
Clemens Cording, Michael Eink, Klaus Obert und Wulf Rössler

Marschner, Rolf
Basiswissen: Rechtliche Grundlagen für die Arbeit in psychiatrischen Einrichtungen
Basiswissen 16
ISBN 978-3-88414-468-8 (Print)
ISBN 978-3-88414-732-0 (PDF)

Die Deutsche Bibliothek verzeichnet diese Publikation
in der Deutschen Nationalbibliografie; detaillierte bibliografische
Daten sind im Internet über http://dnb.ddb.de abrufbar.

Lektorat: Psychiatrie-Verlag, Bonn
Manuskriptberatung: Ilse Eichenbrenner, Berlin
Umschlaggestaltung, Typografie und Satz: Iga Bielejec, Nierstein
Druck und Bindung: GRASPO CZ, a. s., Zlín Tschechische Republik

Weitere Bücher der Reihe »Basiswissen« finden sie im Internet:
www.psychiatrie-verlag.de

Abkürzungsverzeichnis

AGG Allgemeines Gleichstellungsgesetz
BayObLG Bayerisches Oberstes Landesgericht
BDSG Bundesdatenschutzgesetz
BGB Bürgerliches Gesetzbuch
BGG Gesetz zur Gleichstellung behinderter Menschen
BGH Bundesgerichtshof
BtBG Betreuungsbehördengesetz
BtMG Betäubungsmittelgesetz
BVerfG Bundesverfassungsgericht
BVerwG Bundesverwaltungsgericht
BVG Bundesversorgungsgesetz
DRV Deutsche Rentenversicherung
FGG Gesetz über die Angelegenheiten der Freiwilligen Gerichtsbarkeit
GdB Grad der Behinderung
GG Grundgesetz
HeimG Heimgesetz
KG Kammergericht
MBO-Ä (Muster-)Berufsordnung für die deutschen Ärztinnen und Ärzte
MdE Minderung der Erwerbsfähigkeit
MRVG Maßregelvollzugsgesetz
NJW Neue Juristische Wochenschrift
NStZ Neue Zeitschrift für Strafrecht
OLG Oberlandesgericht
ÖGD Öffentlicher Gesundheitsdienst
PsychKG Psychisch-Kranken-Gesetz (Gesetz über Hilfen und Schutzmaßnahmen für psychisch Kranke)
Psych-PV Psychiatrie-Personalverordnung

PsychThG Psychotherapeutengesetz

R & P Fachzeitschrift »Recht & Psychiatrie«

RPK Rehabilitationseinrichtung für psychisch kranke Menschen

SGB I Sozialgesetzbuch Erstes Buch – Allgemeiner Teil

SGB II Sozialgesetzbuch Zweites Buch – Grundsicherung für Arbeitssuchende

SGB III Sozialgesetzbuch Drittes Buch – Arbeitsförderung

SGB V Sozialgesetzbuch Fünftes Buch – Gesetzliche Krankenversicherung

SGB VI Sozialgesetzbuch Sechstes Buch – Gesetzliche Rentenversicherung

SGB VII Sozialgesetzbuch Siebtes Buch – Gesetzliche Unfallversicherung

SGB VIII Sozialgesetzbuch Achtes Buch – Kinder- und Jugendhilfe

SGB IX Sozialgesetzbuch Neuntes Buch – Rehabilitation und Teilhabe behinderter Menschen

SGB X Sozialgesetzbuch Zehntes Buch – Verwaltungsverfahren

SGB XI Sozialgesetzbuch Elftes Buch – Gesetzliche Pflegeversicherung

SGB XII Sozialgesetzbuch Zwölftes Buch – Sozialhilfe

StGB Strafgesetzbuch

StPO Strafprozessordnung

TVöD Tarifvertrag für den öffentlichen Dienst

UG / UBG Unterbringungsgesetz

VBVG Vormünder- und Betreuervergütungsgesetz

WfbM Werkstatt für behinderte Menschen

Vorwort

Mitarbeiter psychiatrischer Einrichtungen sind zunehmend mit rechtlichen Fragestellungen konfrontiert. Dafür sind mehrere Gründe denkbar: Menschen mit Psychiatrieerfahrung fordern immer selbstbewusster ihre Rechte auf Selbstbestimmung und Teilhabe ein. Gleichzeitig werden die Anforderungen an das berufliche Handeln in der Psychiatrie durch die Diskussion über berufliche Qualitätsstandards innerhalb der verschiedenen Berufsgruppen, aber auch durch die Gesetzgebung und Rechtsprechung immer genauer umschrieben. Eine wesentliche Rolle spielt die Sozialgesetzgebung, die zwar einerseits den Teilhabeanspruch kranker und behinderter Menschen stärker in den Vordergrund stellt, aber andererseits durch die Betonung der Sparsamkeit und Wirtschaftlichkeit enge finanzielle Grenzen auch für die psychiatrische Versorgung zieht.
Die rechtlichen Fragen betreffen die berufsrechtliche Stellung der Mitarbeiter psychiatrischer Einrichtungen, die rechtliche Stellung der Klienten und vor allem die Beziehung zwischen beiden und die sich daraus ergebenden Pflichten. Nicht alle denkbaren rechtlichen Konstellationen können angesprochen werden. Der Schwerpunkt liegt auf den für die tägliche Berufspraxis relevanten Fragestellungen, die sich in den verschieden Berufsfeldern ergeben können. Die Darstellung umfasst den ambulanten wie den stationären Bereich und betrifft den Umgang mit den Betroffenen von der psychiatrischen Krise bis zur Behandlung im psychiatrischen Krankenhaus sowie in der Rehabilitation und im Betreuten Wohnen. Dabei geht es um den Umgang mit Informationen, die Behandlung der Betroffenen, die Anwendung oder Vermeidung von Zwang sowie die Einbeziehung Dritter (Angehörige, rechtliche Betreuer). Im Vordergrund steht eine an den Rechten und der Selbstbestimmung der Betroffenen orientierte Herangehensweise an rechtliche Fragestellungen. Gleichzeitig sind

die berechtigten Interessen der Mitarbeiter psychiatrischer Einrichtungen zu berücksichtigen, weil sie sich gegebenenfalls rechtlich für ihr Handeln verantworten müssen.

In die Darstellung einbezogen werden auch die soziale Sicherung psychisch kranker Menschen und die sozialrechtlichen Grundlagen der psychiatrischen Versorgung. Soweit es um grundlegende soziale Rechte der Betroffenen auf Existenzsicherung und Rehabilitation geht, wird ergänzend auf das Buch »Psychisch Kranke im Recht« des Balance-Verlages verwiesen.

Die rechtlich relevanten Regelungen für Mitarbeiter psychiatrischer Einrichtungen verteilen sich auf das gesamte Recht. Entsprechende Vorschriften finden sich im Zivilrecht, im Strafrecht und im Öffentlichen Recht. Das führt in einer sowieso immer komplizierter werdenden Rechtsordnung dazu, dass die entsprechenden Vorschriften nicht immer leicht zu finden sind oder zur Verfügung stehen. Die vorliegende Einführung soll einen Überblick über die komplexen Regelungen geben und dazu beitragen, sie transparent und auffindbar zu machen. Deswegen werden die wesentlichen rechtlichen Vorschriften angegeben. Zumindest das für das jeweilige Bundesland geltende PsychKG bzw. Unterbringungsgesetz, ein Bürgerliches Gesetzbuch (BGB) mit den Vorschriften des Betreuungsrechts sowie ein aktuelles Sozialgesetzbuch sollten in jedem Handapparat zur Verfügung stehen. Gerichtsurteile und Fachaufsätze werden, soweit möglich, mit den Fundstellen in der Fachzeitschrift »Recht & Psychiatrie« (R&P) angegeben. Die Gerichtsentscheidungen der letzten Jahre sind auch im Internet unter den Adressen der jeweiligen Gerichte zu finden (z. B. www.bundesgerichtshof.de; www.bundessozialgericht.de).

Rolf Marschner

Handlungsfelder und berufsrechtliche Grundlagen

Die rechtlichen Anforderungen an die Mitarbeiter psychiatrischer Einrichtungen hängen einerseits von ihren Tätigkeitsfeldern, andererseits von ihrem Beruf ab. Gerade die berufsrechtlichen Grundlagen für Ärzte, Psychologen, Sozialpädagogen, Ergotherapeuten und Krankenpfleger sind sehr unterschiedlich. Von Bedeutung ist aber auch, ob die Arbeit im stationären oder ambulanten Bereich, im Angestelltenverhältnis oder in freier Praxis, im Team oder allein stattfindet.

Tätigkeitsfelder und Berufsgruppen

Im stationären Bereich werden die in der Psychiatrie tätigen Berufsgruppen nach wie vor in der Psychiatrie-Personalverordnung festgelegt. Diese regelt die Maßstäbe und Grundsätze zur Ermittlung des Personalbedarfs für Ärzte, Krankenpflegepersonal und sonstiges therapeutisches Fachpersonal und gilt für psychiatrische Krankenhäuser und psychiatrische Abteilungen (§ 1 Psych-PV). Dazu gehören auch die Tageskliniken. Als sonstiges therapeutisches Fachpersonal werden Diplompsychologen, Ergotherapeuten, Bewegungstherapeuten, Krankengymnasten, Physiotherapeuten, Sozialarbeiter und Sozialpädagogen benannt (§ 5 Psych-PV), in der Kinder- und Jugendpsychiatrie zusätzlich Erzieher, Sprachheiltherapeuten und Logopäden (§ 9 Psych-PV). Dieser multiprofessionelle Ansatz unter Einbeziehung nichtmedizinischen Behandlungspersonals wurde inzwischen auch vom Bundessozialgericht für den Bereich der stationären Behandlung psychisch kranker Menschen hervorgehoben (BSG in: R&P 2005, 145 ff.).
In Einrichtungen der ambulanten Versorgung sind im Wesentlichen die-

selben Berufsgruppen tätig, allerdings mit anderen Schwerpunkten. Einzelheiten ergeben sich in der Regel aus den Vereinbarungen mit den Kostenträgern. → Vereinbarungen, Seite 131

Für ambulante und stationäre Rehabilitationseinrichtungen (RPK) ergibt sich dies aus der RPK-Empfehlungsvereinbarung vom 29.9.2005. Allerdings müssen Einrichtungen der medizinischen Rehabilitation nicht zwingend unter ständiger ärztlicher Verantwortung stehen, wenn die Art der Behandlung dies nicht erfordert (§15 Abs.2 SGB VI). Dies betrifft vor allem Einrichtungen der Suchtkrankenversorgung. Für den Bereich der Teilhabe am Arbeitsleben werden zusätzlich Fachkräfte in der beruflichen Rehabilitation und betriebliche Fachanleiter genannt.

Für den ambulanten Bereich bestehen nur teilweise gesetzliche Regelungen. So legen die meisten PsychKGs fest, dass die Sozialpsychiatrische Dienste unter der Leitung eines Arztes oder einer Ärztin mit abgeschlossener psychiatrischer Weiterbildung stehen (siehe z.B. §7 Abs.2 NdsPsychKG). Weitergehend heißt es in einigen Gesetzen, dass der Sozialpsychiatrische Dienst mit dem für die Aufgabenstellung angemessenen und bedarfsgerechten psychiatrischen und psychosozialen Fachpersonal auszustatten ist (so z.B. §6 Abs.1 MVPsychKG, §5 Abs.1 RhPfPsychKG). Entsprechende Regelungen fehlen in den Bundesländern, die über kein PsychKG verfügen, insbesondere in Bayern und Baden-Württemberg.

In den gemeinsamen Empfehlungen zu den Anforderungen an die Leistungserbringer für Soziotherapie wird nach derzeitigem Stand festgelegt, dass hierfür Fachkrankenpflegekräfte für Psychiatrie sowie Sozialpädagogen und Sozialarbeiter mit psychiatrischer Berufserfahrung in Betracht kommen.

Berufsrechtliche Regelungen

Berufsrechtliche Vorschriften regeln in erster Linie die Aus-, Fort- und Weiterbildung sowie die Berufsausübung einschließlich der Zulassung zum Beruf. Dies betrifft vor allem die berufsständisch organisierte Ärzteschaft.

⟵ Ärzte und Psychotherapeutinnen

Für die Ausübung des Arztberufs benötigen Ärzte nach der Bundesärzteordnung einen Fähigkeitsnachweis, die Approbation. Dies gilt nach dem Psychotherapeutengesetz (PsychThG) auch für Psychologische Psychotherapeuten sowie Kinder- und Jugendlichenpsychotherapeuten.

Wer ohne Approbation die Heilkunde ausüben will, bedarf der Erlaubnis nach dem Heilpraktikergesetz. Heilkunde im Sinn des Heilpraktikergesetzes ist jede berufs- oder gewerbsmäßig vorgenommene Tätigkeit zur Feststellung, Heilung oder Linderung von Krankheiten, Leiden oder Körperschäden bei Menschen, auch wenn sie im Dienste anderer ausgeübt wird. Keine Ausübung der Heilkunde ist die Beratung in sozialen Konflikten (siehe § 1 Abs. 3 PsychThG). Die Abgrenzung insbesondere bei psychosozialen Beratungsstellen (Sozialpsychiatrische Dienste, Suchtberatungsstellen usw.) ist im Einzelfall vorzunehmen und kann schwierig sein. Die Erteilung der Heilpraktikererlaubnis setzt keinen der Approbation vergleichbaren Fähigkeitsnachweis voraus, obwohl Eignungsprüfungen hinsichtlich einiger grundlegender berufsbezogener Fachkenntnisse stattfinden. Es handelt sich um eine Unbedenklichkeitsbescheinigung, die in erster Linie dem Ziel dient, Schäden für die Gesundheit der Allgemeinheit zu vermeiden. Nach der Rechtsprechung bedürfen auch psychotherapeutisch tätige Psychologen der Heilpraktikererlaubnis, soweit sie nicht als Psychologische Psychotherapeuten approbiert sind. Allerdings unterliegen sie aufgrund ihrer akademischen Ausbildung nur einer eingeschränkten Überprüfung, soweit sie nur eine Erlaubnis als Psychotherapeuten anstreben. Psychologen ohne Approbation und andere therapeutisch tätige Personen dürfen seit Inkrafttreten des Psychotherapeutengesetzes nicht mehr die Bezeichnung »Psychotherapeut« bzw. »Psychotherapeutin« führen.

⟵ Krankenpflegekräfte

Für die Krankenpflegeberufe ergeben sich die Voraussetzungen für die Führung der Berufsbezeichnung und die Erteilung der Erlaubnis sowie die notwendigen Inhalte der Ausbildung aus dem Krankenpflegegesetz vom 16.7.2003. Für Krankenpflegekräfte besteht zusätzlich die Möglichkeit zur Weiterbildung im Fach Psychiatrie.

⟵ Ergotherapeutinnen und Physiotherapeuten

Auch Ergotherapeuten erhalten ihre Berufsbezeichnung nach Absolvierung einer gesetzlich geregelten dreijährigen Ausbildung. Dies gilt entsprechend für Krankengymnasten und Physiotherapeuten. Bei all diesen Berufen handelt es sich um Heilberufe, bei denen die heilkundlichen Tätigkeiten gegenüber den sogenannten sozialpflegerischen Anteilen (Betreuung und Beratung in persönlichen und sozialen Angelegenheiten, Hilfe zur Erhaltung und Aktivierung der eigenständigen Lebensführung einschließlich der Förderung sozialer Kontakte) überwiegen.

⟵ Sozialpädgogen und Sozialarbeiterinnen

Vergleichbare berufsrechtliche Regelungen fehlen für die in der Psychiatrie tätigen Sozialpädagogen bzw. Sozialarbeiterinnen. Zwar absolvieren sie ein Hochschulstudium. Nach traditionellem Verständnis beschäftigen sich Sozialpädagogen aber eher mit der Bewältigung von Alltagsproblemen und damit sozialpflegerischen Tätigkeiten im oben genannten Sinn. Im Rahmen der stationären psychiatrischen Behandlung und der medizinischen Rehabilitation, als Anbieter von Soziotherapie sowie in multiprofessionellen Teams sind Sozialpädagogen zunehmend in die therapeutische Arbeit integriert, ohne über entsprechende spezifische Kenntnisse für eine Tätigkeit in der Psychiatrie zu verfügen (siehe Crefeld in: R&P 2007, 111). Allerdings werden Zusatzausbildungen und Masterstudiengänge unter der Bezeichnung »Sozialarbeit in der Psychiatrie« oder ähnlich angeboten. Diese Ausbildungen und Studiengänge grenzen sich aber ausdrücklich gegenüber psychotherapeutischen und psychiatrischen Tätigkeitsfeldern ab, so dass auch insoweit nicht davon ausgegangen werden kann, dass heilkundliche Kompetenzen erworben werden.

Die gesetzliche Regelung fachlicher Standards für eine bestimmte Berufstätigkeit ist deswegen von Bedeutung, weil sich die Qualität der Arbeit an diesen Standards orientiert und damit auch Grundlage für die Beurteilung einer den Sorgfaltspflichten des jeweiligen Berufsbilds entsprechenden oder fehlerhaften Berufsausübung ist. → Grundlagen der Haftung, Seite 57

So formuliert die Musterberufsordnung für die deutschen Ärztinnen und Ärzte (MBO-Ä) die allgemeinen ärztlichen Berufspflichten. Diese dienen in erster Linie der Gewährleistung des Patientenschutzes und gelten sowohl für in freier Praxis als auch in einem Beschäftigungsverhältnis tätige Ärztinnen und Ärzte. Sie beinhalten insbesondere

- die Pflicht zur Fortbildung und Qualitätssicherung,
- die Pflichten gegenüber Patientinnen und Patienten (z. B. Aufklärungspflicht, Schweigepflicht, Dokumentationspflicht),
- Regeln für das berufliche Verhalten (erlaubte Information und berufswidrige Werbung, kollegiale Zusammenarbeit, Zusammenarbeit mit der Industrie),
- Grundsätze für den Umgang mit Patientinnen und Patienten sowie Behandlungsgrundsätze.

Die nicht berufsständisch organisierten Berufsgruppen versuchen vergleichbare Standards durch die Einführung von Leitlinien und Berufsregistern sicherzustellen (z. B. der Bundesverband der Berufsbetreuerinnen und -betreuer: BdB). Die Mitgliedschaft in diesen Berufsverbänden ist aber anders als bei der Ärzteschaft nicht Pflicht. Dies hat zur Folge, dass es sich bei den entsprechenden Leitlinien auch nicht um für alle Angehörigen der jeweiligen Berufsgruppen verbindliche Standards handelt. Berufliche Pflichten ergeben sich bei diesen Berufsgruppen aber auch aus allgemeinen rechtlichen Vorschriften (GG, BGB, StGB) sowie im Fall der abhängigen Beschäftigung aus dem Arbeitsvertrag. Besondere Verpflichtungen können sich bei der Beschäftigung durch kirchliche oder weltanschaulich gebundene Arbeitgeber ergeben.

Grundbegriffe

Psychische Krankheit und seelische Behinderung

In verschiedenen rechtlichen Regelungen und Kontexten werden die Begriffe der psychischen Krankheit oder seelischen Behinderung oder ähnliche Ausdrücke verwendet. Es ist dem Gesetzgeber bisher nicht gelungen, sich in den unterschiedlichen Gesetzen auf eine einheitliche Terminologie zu verständigen. So finden sich antiquierte Umschreibungen, wie krankhafte Störung der Geistestätigkeit (§ 104 BGB), neben diskriminierenden Begriffen, wie schwere andere seelische Abartigkeit (§ 20 StGB), und psychiatrischen Begriffen, wie Psychose, psychische Störung oder mit dem Verlust der Selbstkontrolle einhergehende Abhängigkeit von Suchtstoffen (in verschiedenen PsychKGs). Erst im Betreuungsrecht tauchen dann die heute überwiegend verwendeten Begriffe psychische Krankheit und seelische Behinderung auf (§ 1896 BGB), die längere Zeit bereits im Sozialrecht verwendet wurden.

Allerdings wurde mit dem Inkrafttreten des SGB IX im Jahr 2001 der bis dahin defizitorientierte sozialrechtliche Begriff der Behinderung neu formuliert. Danach sind Menschen behindert, wenn ihre körperliche Funktion, geistige Fähigkeit oder seelische Gesundheit mit hoher Wahrscheinlichkeit länger als sechs Monate von dem für das Lebensalter typischen Zustand abweicht und daher ihre Teilhabe am Leben in der Gesellschaft beeinträchtigt ist (§ 2 SGB IX). Dieser Begriff orientiert sich an der Internationalen Klassifikation der Funktionsfähigkeit, Behinderung und Gesundheit (ICF) und bezieht die Wechselwirkung zwischen einer Person mit einem Gesundheitsproblem und den Kontextfaktoren mit ein. Es geht also immer um das Verhältnis zwischen einer Behinderung und der Umwelt. Dieses biopsychosoziale Krankheitsmodell hat sich von einer rein biologischen Sichtweise gelöst und entspricht dem in der Sozialpsychiatrie bereits seit langem vertretenen mehrdimensionalen Krankheitsbegriff. Nur auf der ersten Ebene wird das Problem auf der Grundlage der Internationalen Klassifikation der Krankheiten (ICD) beschrieben. Auf der zweiten Ebene sind die sozialen Verhältnisse im Sinn einer Teilhabeorientierung einzubeziehen (in diesem Sinn unter ausdrücklichem Verweis auf die ICD jetzt erstmals § 35 a SGB VIII).

Diese Zweistufigkeit des Krankheitsbegriffs zeigt sich in unterschiedlicher Ausprägung in allen gesetzlichen Regelungen, da neben einer Krankheit oder Behinderung im medizinischen Sinn immer die weiteren gesetzlichen Voraussetzungen (z. B. Unfähigkeit zur Regelung von Angelegenheiten, Gefahr für sich oder andere) und damit der gesetzliche Kontext zu beachten sind. Dabei ist zu berücksichtigen, dass es sich auch bei der psychiatrischen Diagnose um keine Aussage von naturwissenschaftlicher Objektivität handelt, sondern um das Ergebnis eines interaktiven Geschehens, eines wechselseitigen Verstehens oder Missverstehens zwischen zwei Personen, an dessen Ende eine mehr oder weniger vollständige Diagnose, d. h. Wahrnehmung des Betroffenen durch den Sachverständigen steht (siehe CREFELD in: R&P 1994, 102 ff.). Daher sind auch außerhalb des Sozialrechts die Handlungsperspektiven des Betroffenen und damit seine soziale Kompetenz im Sinn eines strukturell-sozialen Krankheitsbegriffs einzubeziehen.

MERKE → **Es ist immer von einem juristischen Begriff von Krankheit oder Behinderung auszugehen, selbst wenn das Gesetz eine psychiatrische Terminologie verwendet.**

Zwar sind zunächst unter Zugrundelegung der psychiatrischen Klassifikationssysteme (insbesondere der ICD 10) die Krankheitsbilder zu konkretisieren, die unter die gesetzlichen Krankheitsbegriffe fallen können. Nach der Rechtsprechung hat die Zuordnung zu einem psychiatrischen Befund eines Klassifikationssystems aber keine Verbindlichkeit für die Annahme einer Krankheit im juristischen Sinn, sondern stellt lediglich einen –

wenn auch wesentlichen – Anhaltspunkt für deren Vorliegen dar (BGH in: R&P 1997, 182). Das zuständige Gericht hat dann in einem weiteren Schritt unter Zugrundelegung des jeweiligen gesetzlichen Kontextes und des Grundsatzes der Verhältnismäßigkeit zu prüfen, ob eine psychische Krankheit oder seelische Behinderung im juristischen Sinn vorliegt.

Diese im Zusammenhang der konkreten Gesetzeszwecke erforderliche Auslegung kann zu unterschiedlichen Ergebnissen hinsichtlich der Annahme einer psychischen Krankheit in verschiedenen Gesetzen führen. Soweit es um die Teilhabe an sozialen Rechten geht, ist der Krankheitsbegriff eher weit auszulegen, soweit es um Grundrechtseingriffe (Betreuung gegen den Willen des Betroffenen, Unterbringung) geht, ist der Krankheitsbegriff eher eng auszulegen. So ist nach der Rechtsprechung eine Suchterkrankung zwar ohne Zweifel eine Krankheit im Sinn der sozialrechtlichen Vorschriften, nicht aber im Sinn des Betreuungsrechts, soweit keine andere psychische Krankheit hinzutritt (BayObLG in: R&P 1994, 30).

Die Feststellung, ob eine psychische Krankheit oder seelische Behinderung im Sinn der jeweiligen Gesetze vorliegt, obliegt dem zuständigen Gericht oder (im Verwaltungs- und Sozialrecht) der zuständigen Behörde in eigener Verantwortung. Allerdings hat das Gericht grundsätzlich ein psychiatrisches Sachverständigengutachten einzuholen, soweit es um die Feststellung einer psychischen Krankheit geht. Der Sachverständige ist dabei Berater des Gerichts. Richter und Sachverständiger müssen sich über die unterschiedlichen Begrifflichkeiten der zugrunde liegenden Systeme verständigen. Nur dann kann der Richter im Ergebnis entscheiden, ob die Anknüpfungstatsachen und Schlussfolgerungen aus dem psychiatrischen Fachgebiet zur Annahme einer Krankheit oder Behinderung im rechtlichen Sinn führen. Dies gilt grundsätzlich entsprechend für Entscheidungen der Verwaltungsbehörden, die in der Regel auf der Grundlage der vom Betroffenen vorgelegten ärztlichen Berichte, Atteste und Zeugnisse getroffen werden. Auch ärztliche Zeugnisse müssen die wesentlichen entscheidungserheblichen Anknüpfungstatsachen enthalten.

Gleichstellung psychisch kranker Menschen im Recht

Die rechtliche Stellung psychisch kranker Menschen unterscheidet sich zunächst nicht von der anderer Menschen und insbesondere nicht von der somatisch erkrankter Menschen.

MERKE → **Psychisch kranke Menschen sind nach heute unbestrittener Auffassung Grundrechtsträger – unabhängig von ihrer tatsächlichen psychischen Verfassung.**

Grund- und Menschenrechte

Auch im Übrigen unterscheidet unsere Rechtsordnung zunächst nicht zwischen psychisch kranken und anderen Menschen. Davon gibt es allerdings Ausnahmen. Eine andere Frage ist, ob und inwieweit psychisch kranke Menschen die ihnen zustehenden Rechte auch ausüben können.

Die vorstehenden Ausführungen zum Krankheitsbegriff belegen, dass es in unserer Rechtsordnung besondere Vorschriften für psychisch kranke Menschen gibt. Diese verfolgen unterschiedliche Zwecke:

Teilweise dienen diese Vorschriften dem Schutz der Betroffenen, um ihre Handlungsfähigkeit sicherzustellen zu Zeitpunkten, in denen die Betroffenen krankheitsbedingt nicht selbst entscheiden und handeln können. Dann tritt z. B. an ihre Stelle ein rechtlicher Betreuer als gesetzlicher Vertreter, um die notwendigen rechtlichen Handlungen vorzunehmen. Dem Schutz des Betroffenen dient auch die Abwehr von Gefahren für den Betroffenen selbst.

Andere Vorschriften, insbesondere in den PsychKGs und im Strafrecht, dienen dem Schutz Dritter oder der Allgemeinheit. Auch insoweit werden psychisch kranke Menschen anders behandelt als nicht psychisch kranke Menschen. Insofern ist durchaus von einem Sonderrecht für psychisch kranke Menschen auszugehen, das dem allgemeinen Gleichheitsgrundsatz des Art. 3 GG widerspricht.

Nach Art. 2 der UN-Konvention über die Rechte behinderter Menschen ist jede Unterscheidung, Ausschließung oder Beschränkung aufgrund einer Behinderung diskriminierend, die zum Ziel oder zur Folge hat, die auf die

Gleichberechtigung mit anderen gegründete Anerkennung, Inanspruchnahme oder Ausübung aller Menschenrechte oder Grundfreiheiten zu beeinträchtigen oder zu vereiteln. Da die UN-Konvention ab 1.1.2009 in Deutschland verbindlich ist, stellt sich die Frage der Anpassung der geltenden Rechtsvorschriften. Es bestehen unterschiedliche Auffassungen, ob bzw. in welchem Umfang die bestehenden Vorschriften den Anforderungen der UN-Konvention genügen. Handlungsbedarf wird vor allem im Betreuungs- und Unterbringungsrecht gesehen.

Legitimiert wird die Ungleichbehandlung bisher mit der im Einzelfall durch die psychische Krankheit bedingten Entscheidungs- und Handlungsunfähigkeit der Betroffenen. Solange die mit der Ungleichbehandlung verbundenen Eingriffe in die Grundrechte der Betroffenen einer strengen Verhältnismäßigkeitsprüfung unterliegen, wird man sie in engen Grenzen akzeptieren müssen. Ein Verzicht auf den Krankheitsbegriff als eingrenzendes Kriterium bei Grundrechtseingriffen, der rechts- und psychiatriepolitisch diskutiert wird, würde zu einer erheblichen Ausweitung der Eingriffsbefugnisse und damit der sozialen Kontrolle des Staates führen.

Seit der Psychiatrie-Enquete besteht die bis heute nicht vollständig eingelöste Forderung nach der Gleichstellung psychisch kranker Menschen mit körperlich erkrankten oder behinderten Menschen insbesondere im Sozialrecht. Zwar betont das Sozialrecht im Recht der Krankenversicherung (§ 27 Abs. 1 Satz 3 SGB V) und im Recht der Teilhabe und Rehabilitation behinderter Menschen (§ 10 Abs. 3 SGB IX), dass den besonderen Bedürfnissen psychisch kranker bzw. seelisch behinderter Menschen Rechnung zu tragen ist. Dies ändert aber nichts daran, dass Einrichtungen der psychiatrischen Versorgung gerade im Bereich des Betreuten Wohnens sozialhilfefinanziert sind mit der Folge, dass ggf. das Einkommen und Vermögen der Betroffenen in bestimmten Grenzen eingesetzt werden muss. Dies bedeutet im Ergebnis, dass auch im Sozialrecht von besonderen Regelungen auszugehen ist, die sich nicht zum Vorteil, sondern zum Nachteil der Betroffenen auswirken.

1994 wurde das Benachteiligungsverbot behinderter Menschen in das Grundgesetz aufgenommen (Art. 3 Abs. 3 Satz 2 GG). Dieses wurde durch das Gesetz zur Gleichstellung behinderter Menschen (Behindertengleichstellungsgesetz: BGG) vom 27. 4. 2002 und entsprechende Gesetze in den Bundesländern konkretisiert. Ziel des Gesetzes ist es, die Benachteilung behinderter Menschen zu beseitigen und zu verhindern sowie die gleichberechtigte Teilhabe behinderter Menschen an der Gesellschaft zu gewährleisten und ihnen eine selbstbestimmte Lebensführung zu ermöglichen (§ 1 BGG). Obwohl auch im BGG niedergelegt ist, dass den besonderen Bedürfnissen behinderter Menschen Rechnung zu tragen ist, orientiert sich das Gesetz mit dem Begriff der Barrierefreiheit weitgehend an den Lebenslagen körperbehinderter Menschen. Dagegen fehlt es an konkreten Maßnahmen und Hilfen für psychisch kranke Menschen.

⟵ Benachteiligungsverbot

Das Allgemeine Gleichbehandlungsgesetz (AGG) vom 14. 8. 2006 konkretisiert das Benachteilungsverbot behinderter Menschen im Arbeitsrecht und im Zivilrecht. So darf die Verweigerung eines Vertragsabschlusses in der Regel nicht mit dem Vorliegen einer Behinderung begründet werden. Bei privatrechtlichen Versicherungsverträgen darf eine unterschiedliche Behandlung behinderter Menschen nur noch augrund einer versicherungsmathematisch und statistisch abgesicherten Risikoabwägung erfolgen, nicht aber aufgrund der Behinderung selbst.

Das Selbstbestimmungsrecht psychisch kranker Menschen

Aus dem Benachteiligungsverbot behinderter Menschen lässt sich ableiten, dass psychisch kranke oder seelisch behinderte Menschen wie andere auch selbst über ihre Angelegenheiten entscheiden können. Dies ergibt sich unmittelbar auch aus dem in Art. 2 Abs. 1 GG geregelten Grundrecht auf freie Entfaltung der Persönlichkeit. Es beinhaltet das Selbstbestimmungsrecht des Menschen in allen ihn betreffenden Fragen und bedeutet, dass jeder sein Leben nach seinen eigenen Vorstellungen gestalten kann. Dies gilt insbesondere für die Aufenthaltsbestimmung sowie die ärztliche Behandlung und umfasst insoweit grundsätzlich das Recht auf Einwilligung in eine Behandlung wie das Recht auf ihre Ablehnung.

→ **Freiheit zur Krankheit, Seite 24**

Das Recht auf Selbstbestimmung betrifft ferner den Umgang mit persönlichen Daten sowie die Inanspruchnahme staatlicher Hilfen.

→ **Recht auf informationelle Selbstbestimmung, Seite 37**

So ist im Recht der Rehabilitation und Teilhabe ausdrücklich geregelt, dass die Leistungen zur Teilhabe der Zustimmung des Betroffenen bedürfen (§ 9 Abs. 4 SGB IX). Ebenso unterliegen die in den PsychKGs geregelten Hilfen dem Prinzip der Freiwilligkeit (siehe z. B. § 3 Abs. 2 Satz 2 NRWPsychKG). Auch die Bestellung eines Betreuers gegen den Willen des Betroffenen stellt einen Eingriff in das Grundrecht des Art. 2 Abs. 1 GG dar. Daher darf ein Betreuer gegen den freien Willen des Betroffenen nicht bestellt werden (§ 1896 Abs. 1a BGB). Damit sind aber gleichzeitig die Grenzen des Selbstbestimmungsrechts psychisch kranker Menschen aufgezeigt.

Das Bundesverfassungsgericht hat bezogen auf das Grundrecht der Freiheit der Person entschieden, dass es zwar jedermann freistehe, Hilfe zurückzuweisen, sofern nicht Rechtsgüter anderer oder der Allgemeinheit in Mitleidenschaft gezogen werden. Der Freiheitsanspruch dürfe aber nicht losgelöst von den tatsächlichen Möglichkeiten des Betroffenen gesehen werden, sich frei zu entschließen. Ist dessen Fähigkeit zur Selbstbestimmung durch eine psychische Krankheit beeinträchtigt, ist dem Staat fürsorgerisches Eingreifen auch dort erlaubt, wo beim Gesunden Halt geboten ist. Dies beinhaltet die Befugnis, psychisch kranke Menschen, die infolge ihres Gesundheitszustandes und der damit verbundenen fehlenden Einsichtsfähigkeit die Schwere ihrer Erkrankung und die Notwendigkeit von Behandlungsmaßnahmen nicht beurteilen können oder trotz einer solchen Erkenntnis sich nicht zu einer Behandlung entschließen können, zwangsweise in einer geschlossenen Einrichtung unterzubringen, um eine drohende gewichtige gesundheitliche Schädigung von dem Betroffenen abzuwenden. Allerdings muss im Hinblick auf den Verhältnismäßigkeitsgrundsatz bei weniger gewichtigen Fällen eine derartige Maßnahme unterbleiben und auch psychisch kranken Menschen in gewissen Grenzen die »Freiheit zur Krankheit« belassen bleiben (BVerfG in: R&P 1998, 101). Der Bundesgerichtshof hat dies dahingehend konkretisiert, dass die Betroffenen gerade bei behandlungsbedürftigen psychischen Erkrankungen selbst entscheiden können, ob sie das Durchleben ihrer Krankheit der Behandlung in einer psychiatrischen Klinik vorziehen (BGH in: R&P 2006, 141).

Der Begriff der »Freiheit zur Krankheit« bereitet den in der Psychiatrie tätigen Berufsgruppen, insbesondere den Ärzten, teilweise Probleme. Nach ihrer Auffassung liege gerade keine freie Entscheidung der Betroffenen und damit keine Selbstbestimmung vor. In diesen Fällen sei die psychiatrische Behandlung notwendig, um die Selbstbestimmung der Betroffenen wiederherzustellen. Diese Sichtweise verkennt die verfassungsrechtlich gebotene Güterabwägung:

MERKE → **Gerade weil es sich im Fall von Unterbringung und Zwangsbehandlung um schwere Grundrechtseingriffe handelt, müssen die Gründe für diese Maßnahmen gewichtig sein. Behandlungsbedürftigkeit aus psychiatrischer Sicht genügt nicht, um mit Gewalt eine Behandlung gegen den Willen des Betroffenen durchzusetzen.**

Dies bedeutet, dass nach unserem Grundrechtsverständnis bestimmte Handlungen psychisch kranker Menschen gegenüber Dritten und auch in Bezug auf sich selbst hinzunehmen sind, ohne dass ein staatliches Eingreifen unter Anwendung von Zwang zulässig ist. Dies entspricht im Übrigen auch der zunehmend thematisierten Sichtweise der Betroffenen, die die Gewaltanwendung in der Psychiatrie als traumatisierend erleben, sowie der Sichtweise vieler Psychiater, die bis auf akute Krisensituationen Gewalt in der Psychiatrie für verzichtbar halten.

Eingriffe in die Grundrechte und damit auch in das durch Art. 2 Abs. 1 GG geschützte Selbstbestimmungsrecht der Betroffenen sind nur auf gesetzlicher Grundlage und unter Beachtung des Grundsatzes der Verhältnismäßigkeit zulässig. Entsprechende gesetzliche Grundlagen finden sich im Strafrecht, in den Psychisch-Kranken-Gesetzen (PsychKGs) bzw. Unterbringungsgesetzen der Bundesländer sowie im Betreuungsrecht. Sie betreffen einerseits die Abwehr von Gefahren für Dritte und die Allgemeinheit, andererseits von Gefahren für den Betroffenen selbst. Zusätzlich gilt, dass auf der Grundlage dieser besonderen gesetzlichen Regelungen für psychisch kranke Menschen Eingriffe nur zulässig sind, soweit die freie Willensbestimmung des Betroffenen aufgehoben ist. Dies gilt für die Betreuerbestellung wie für die Unterbringung und Behandlung gegen den Willen des Betroffenen. Das Konzept der freien Willensbestimmung liegt auch den Regeln der Geschäftsunfähigkeit in §104 BGB und den strafrechtlichen Vorschriften der Schuldunfähigkeit bzw. verminderten Schuldfähigkeit nach §§ 20, 21 StGB zugrunde.

Dem Begriff des freien Willens kommt daher eine Schlüsselstellung zu, wenn es um Eingriffe in das Selbstbestimmungsrecht geht. Unabhängig von philosophischen Diskussionen und naturwissenschaftlichen Erkenntnissen geht der Gesetzgeber von dem Bestehen eines freien Willens aus. Der freie Wille ist die Regel, die Aufhebung des freien Willens die Ausnahme. Die Annahme einer Aufhebung des freien Willens knüpft dabei in allen gesetzlichen Kontexten an das Vorliegen einer psychischen Krankheit oder seelischen Behinderung an, die einen bestimmten Schweregrad überschritten hat und sich auf die sogenannte Einsichts- oder Steuerungsfähigkeit des Betroffenen auswirkt. Entscheidend ist, ob der Betroffene krankheitsbedingt außerstande ist, die Notwendigkeit einer Behandlung bzw. Unterbringung einzusehen oder nach dieser Einsicht zu handeln (so §1906 Abs. 1 Ziff. 2 BGB) bzw. das Unrecht einer Straftat einzusehen oder nach dieser Einsicht zu handeln (so § 20 StGB). Der Begriff des freien Willens beinhaltet also immer einen kognitiven und einen voluntativen Aspekt. Die Beeinträchtigungen unterscheiden sich je nach Krankheitsbild.

Einwilligungsfähigkeit

Der Begriff der Einwilligungsfähigkeit ist unabhängig von dem Begriff der Geschäftsfähigkeit zu bestimmen, weil es nicht um Rechtsgeschäfte, sondern den tatsächlichen Eingriff in geschützte Rechtsgüter geht. Daher können nicht geschäftsfähige Menschen bezogen auf einen konkreten ärztlichen Eingriff einwilligungsfähig sein, wenn sie verstehen, welche Konsequenzen mit dem Eingriff verbunden sind. → Geschäftsfähigkeit, Seite 28
Die übliche Definition, dass eine Beeinträchtigung der freien Willensbestimmung vorliegt, wenn jemand krankheitsbedingt Art, Bedeutung und Tragweite seines Handelns und ggf. erforderlicher Maßnahmen nicht verstehen bzw. seinen Willen nicht danach bestimmen kann, hilft nicht viel weiter. Nach der Definition von Amelung (in: R & P 1995, 20 ff.) ist einwilligungsunfähig, wer aufgrund seiner Krankheit oder Behinderung den Wert der von der Entscheidung berührten Güter und Interessen, die der Entscheidung zugrunde liegenden Tatsachen, die sich aus der Entscheidung ergebenden Folgen und Risiken sowie die Mittel, die zur Erreichung des angestrebten Zwecks zur Verfügung stehen, ihn aber weniger belasten, nicht erfassen kann bzw. sein Verhalten nicht nach dieser Einsicht richten kann. Für die Beurteilung des Wertes der maßgeblichen Güter und Interessen ist dabei das subjektive Wertesystem des Betroffenen, nicht ein objektiv vernünftiges Wertesystem maßgeblich. Die Autonomie der Willensentscheidung ist zu respektieren, solange keine krankhafte Verzerrung des Wertsystems vorliegt. Dies bedeutet, dass bei psychisch kranken Menschen genau zu hinterfragen ist, inwieweit die Handlungen und Entscheidungen auf der Grundlage eines subjektiven Wertesystems und Erfahrungshintergrunds getroffen werden. Dabei sind insbesondere frühere Erfahrungen mit psychiatrischer Behandlung und Unterbringung zu be-

rücksichtigen. Im Regelfall ist von einer autonomen Entscheidung und damit von Selbstbestimmung auszugehen.

Selbstbestimmung durch Vorausverfügung und Vollmacht

Auch im Fall psychiatrischer Krisen oder akuter Krankheitszustände, in denen die Möglichkeit der freien Willensbildung nicht besteht oder zumindest angezweifelt werden könnte, kann die Selbstbestimmung und damit die eigene Entscheidung sichergestellt werden. Dies geschieht entweder durch eine sogenannte Vorausverfügung (Patientenverfügung) oder durch Erteilung einer Vollmacht (Vorsorgevollmacht) an eine oder mehrere Personen des Vertrauens. Beide Instrumente, die in der öffentlichen Diskussion vor allem für alte Menschen für den Fall des Verlustes der Entscheidungsfähigkeit aufgrund altersbedingter Demenz propagiert werden, sind entsprechend ihrem Rechtsgedanken ebenso anwendbar im Fall des vorübergehenden Verlustes der Entscheidungsfähigkeit in akuten psychiatrischen Krisen. Bei der Vorausverfügung werden von dem Betroffenen Entscheidungen zu einem Zeitpunkt, in dem Entscheidungsfähigkeit besteht, für einen späteren Zeitpunkt getroffen, in dem dies nicht der Fall ist. Diese Vorausverfügung kann alle Lebensbereiche betreffen und ist vor allem für die ärztliche Behandlung – nicht nur am Lebensende – von Bedeutung. → **Patientenverfügung, Seite 54; Behandlungsvereinbarung, Seite 55**

Bei der Vollmachtserteilung wird die Entscheidungsbefugnis für den Fall der eigenen Entscheidungsunfähigkeit auf eine oder mehrere Personen des Vertrauens übertragen. Die bevollmächtigte Vertrauensperson kann dann anstelle des Betroffenen die erforderlichen Angelegenheiten regeln und, falls dies von der Vollmacht ausdrücklich umfasst wird, im akuten Behandlungsfall über die Einwilligung oder die Ablehnung einer Behandlung entscheiden. Die Vollmacht ist nur wirksam, wenn zum Zeitpunkt der Vollmachtserteilung Geschäfts- bzw. Einwilligungsfähigkeit vorliegt. Die Vollmacht lässt sich auch mit einer Vorausverfügung kombinieren. Dies hat den Vorteil, dass der Betroffene durch Anweisungen an den Bevollmächtigten vorab im Wesentlichen selbst entscheiden kann, was mit ihm im Krisenfall geschieht, andererseits eine Vertrauensperson zur Verfügung steht, die gegenüber Dritten (z. B. Ärzten) die Durchsetzung des vorab geäußerten Willens auch sicherstellen kann. Allerdings können in der Praxis Schwierigkeiten entstehen, wenn durch die Vollmachtserteilung, verbunden mit Anweisungen an den Bevollmächtigten, jede Therapie verweigert wird. Denn ein rechtlicher Betreuer kann ggf. auch dann bestellt werden, wenn die zu regelnden Angelegenheiten durch den Bevollmächtigten nicht ebenso gut wie durch einen Betreuer besorgt werden können (siehe §1896 Abs. 2 Satz 2 BGB). Hier besteht ein Spannungsfeld zwischen den konkurrierenden Rechtsgütern, aber auch die Gefahr, dass eine autonome Entscheidung durch eine Betreuerbestellung unterlaufen wird.

Geschäftsfähigkeit und Testierfähigkeit

Der Begriff der Geschäftsfähigkeit betrifft die Frage, ob jemand rechtsgeschäftliche Willenserklärungen abgeben kann, also Verträge (z. B. Miet-, Arbeits-, Kaufverträge) abschließen kann, Kündigungen, z. B. in Zusammenhang mit Miet- oder Arbeitsverträgen, wirksam erklären kann oder rechtswirksame Anträge im Sozialrecht oder in anderen Behördenangelegenheiten stellen kann. Nicht umfasst sind Einwilligungen in Rechtsgutverletzungen, also z. B. in die körperliche Integrität oder die Freiheit der Person. Hier wird auf die Einwilligungsfähigkeit abgestellt, die unabhängig von der Geschäftsfähigkeit zu beurteilen ist. → Einwilligungsfähigkeit, Seite 26
Grundsätzlich ist von der Geschäftsfähigkeit volljähriger Personen auszugehen. Geschäftsunfähig ist, wer sich in einem die freie Willensbestimmung ausschließenden Zustand krankhafter Störung der Geistestätigkeit befindet, sofern nicht der Zustand seiner Natur nach ein vorübergehender ist (§104 Nr. 2 BGB). Die Willenserklärung eines Geschäftsunfähigen ist nach geltendem Recht nichtig (§105 Abs. 1 BGB), also nicht wirksam. Dies

gilt ebenso für Willenserklärungen, die im Zustand der Bewusstlosigkeit oder vorübergehender Störungen der Geistestätigkeit abgegeben werden (§105 Abs. 2 BGB). Auf die Dauer der Beeinträchtigung der freien Willensbestimmung kommt es dabei nicht an, sodass auch hochgradige Trunkenheit im Einzelfall zur Geschäftsunfähigkeit führen kann. Es ist allerdings fraglich, ob die Vorschriften über die Geschäftsfähigkeit mit Art. 12 der UN-Konvention über die Rechte behinderter Menschen vereinbar sind. Danach genießen Menschen mit Behinderungen in allen Lebensbereichen gleichberechtigt mit anderen Rechts- und Handlungsfähigkeit. Zulässig sind nur Unterstützungsmaßnahmen, die sie bei der Ausübung ihrer Rechts- und Handlungsfähigkeit benötigen.

Geschäftsunfähigkeit muss sich nicht notwendigerweise auf alle denkbaren Rechtsgeschäfte beziehen. In Betracht kommt auch eine partielle Geschäftsunfähigkeit, die sich auf bestimmte Rechtsgeschäfte (z. B. Miet- und Wohnungsangelegenheiten, Sozialangelegenheiten) beschränkt. So kommt es häufig vor, dass jemand krankheitsbedingt die Post von Behörden und Gerichten nicht öffnet und dadurch Fristen versäumt oder sich nicht um seine Wohnungsangelegenheiten kümmert und dadurch die Wohnung zu verlieren droht.

Dagegen wird eine sogenannte relative, auf besonders schwierige Rechtsgeschäfte beschränkte Geschäftsunfähigkeit von der Rechtsprechung nicht akzeptiert. §105 a BGB sieht allerdings vor, dass Geschäfte des täglichen Lebens, die von einer volljährigen geschäftsunfähigen Person vorgenommen werden, gültig bleiben, soweit Leistung und Gegenleistung bewirkt sind, also die Leistungen ausgetauscht sind. Geschäfte des täglichen Bedarfs sind z. B. Einkäufe mit geringfügigen Mitteln oder Kinobesuche.

MERKE → **Eine Betreuerbestellung hat keine Auswirkungen auf die Geschäftsfähigkeit des Betroffenen.**

Vielmehr ist die sogenannte natürliche Geschäftsunfähigkeit immer nach §§104, 105 BGB zu beurteilen, unabhängig davon, ob ein Betreuer bestellt ist oder nicht. Die Beurteilung hat sich allein an dem tatsächlichen Zustand des Betroffenen zu orientieren und anders als im früheren Entmündigungsrecht nicht an der formalen Bestellung eines Betreuers. Anders verhält es sich nur, wenn zusätzlich zur Betreuerbestellung ein Einwilligungsvorbehalt nach § 1903 BGB angeordnet wird. Dann ist der Betroffene unabhängig von seinem tatsächlichen Gesundheitszustand beschränkt geschäftsfähig und bedarf zu einer Willenserklärung, die den Aufgabenkreis des Betreuers betrifft, der Einwilligung des Betreuers.

MERKE → **Für die Annahme von Geschäftsunfähigkeit muss die freie Willensbestimmung krankheitsbedingt ausgeschlossen sein.**

In Betracht kommen akute Krankheitsbilder aus dem Bereich der Psychosen, vor allem bei manischen oder depressiven Zustandsbildern. Schwierig ist die Annahme von Geschäftsunfähigkeit im Bereich von Neurosen und Persönlichkeitsstörungen, da hier zumindest in der Regel die freie Willensbestimmung nicht beeinträchtigt ist. Selbst bei schweren Zwangsstörungen kann Geschäftsfähigkeit bestehen. Die Beurteilung ist immer im Einzelfall vorzunehmen und bedarf im Streitfall einer sachverständigen Beurteilung.

Da gerichtliche Auseinandersetzungen um die Wirksamkeit von Verträgen oder anderen Willenserklärungen häufig erst lange nach Vertragsschluss oder Abgabe der Willenserklärung stattfinden, ist der Sachverständige häufig auf eine retrospektive Beurteilung angewiesen. Hierfür bedarf es dann einer sorgfältigen Auswertung der Krankengeschichte (soweit vorhanden) oder fremdanamnestischer Angaben (Zeugenaussagen). Außergerichtlich ist zu empfehlen, ein qualifiziertes fachärztliches Zeugnis vorzulegen, das kurz die wesentlichen Befundtatsachen und die Auswirkungen auf die freie Willensbestimmung zum maßgeblichen Zeitpunkt darlegt.

Die Geschäftsunfähigkeit eines Betroffenen (nicht die Bestellung eines Betreuers) hat auch Auswirkungen in anderen Rechtsbereichen, z. B. im Familienrecht und Prozessrecht. Wer geschäftsunfähig ist, kann keine Ehe eingehen (§ 1304 BGB), ein Einwilligungsvorbehalt insoweit ist unzulässig (§ 1903 Abs. 2 BGB). Die elterliche Sorge eines geschäftsunfähigen Elternteils ruht und kann während der Zeit des Ruhens nicht ausgeübt werden (§§1673 Abs.1, 1675 BGB). Auch in diesen Bereichen ist die Geschäftsfähigkeit immer in Bezug auf den konkreten Lebensbereich und nicht allgemein für alle denkbaren Rechtsgeschäfte zu beurteilen.

Wer geschäftsunfähig ist, ist auch nicht prozessfähig (§52 Abs.1 ZPO), d.h. er kann sich in einem gerichtlichen Verfahren nicht selbst vertreten. Für ihn muss ein Betreuer oder Bevollmächtigter im Sinn des §1896 Abs.2 Satz 2 BGB handeln. In Betreuungs- und Unterbringungssachen ist der Betroffene aber immer ohne Rücksicht auf die Geschäftsfähigkeit verfahrensfähig, kann also seine Rechte selbst wahrnehmen (§§ 66, 70 a FGG).

Im Erbrecht ist die Testierunfähigkeit eigenständig geregelt. Es handelt sich um eine Unterform der Geschäftsunfähigkeit. Nach §2229 Abs.4 BGB kann ein Testament nicht errichten, wer wegen krankhafter Störung der Geistestätigkeit, wegen Geistesschwäche oder wegen Bewusstseinsstörung nicht in der Lage ist, die Bedeutung einer von ihm abgegeben Willenserklärung einzusehen und nach dieser Einsicht zu handeln. Auch hier hat die Bestellung eines Betreuers als solche keine Auswirkungen auf die Testierfähigkeit, d.h. auch ein Betreuter kann ein Testament errichten, wenn er testierfähig ist. Die Beurteilung der Testierfähigkeit ist ebenfalls im Einzelfall vorzunehmen. Dabei kommt es nach der Rechtsprechung darauf an, ob der Betroffene in der Lage ist, sich über die für oder gegen eine letztwillige Verfügung sprechenden Gründe ein klares, von krankhaften Vorstellungen und Gedanken nicht beeinflusstes Urteil zu bilden und nach diesem Urteil frei von Einflüssen etwaig interessierter Dritter zu handeln.

In der Praxis Schwierigkeiten bereiten Testamente, die am Anfang eines demenziellen Prozesses errichtet werden, weil sich hier unterschiedliche Zustandsbilder abwechseln können und nicht immer geklärt werden kann, ob die Errichtung des Testaments durch eine psychische Krankheit (Demenz) beeinflusst worden ist. Im Streitfall ist auch hier wie bei der Beurteilung der Geschäftsfähigkeit die Einholung eines Sachverständigengutachtens erforderlich. Lässt sich die Frage der Testierunfähigkeit nicht klären, trägt die Beweislast in der Regel derjenige, der sich darauf beruft. Dies bedeutet, dass dann, wenn sich ein durch ein Testament übergangener Erbe darauf beruft, der Betroffene wäre zum Zeitpunkt der Testamentserrichtung wegen einer psychischen Krankheit testierunfähig gewesen, dies auch beweisen muss. Gelingt dies nicht, ist von Testierfähigkeit und damit von der Wirksamkeit des Testaments auszugehen.

Deliktsfähigkeit und Schuldfähigkeit

Bei diesen Begriffen geht es nicht um Willenserklärungen oder Rechtsgeschäfte, sondern um die Verantwortung für Rechtsgutverletzungen im zivil- und strafrechtlichen Sinn. Der Begriff der Deliktsfähigkeit betrifft die zivilrechtliche Verantwortlichkeit für zugefügten Schaden und damit die Frage der Schadensersatzpflicht bei sogenannten unerlaubten Handlungen im Sinn des § 823 BGB. Der Begriff der Schuldfähigkeit betrifft die Frage der strafrechtlichen Verantwortlichkeit.
Wer in einem Zustand der Bewusstlosigkeit oder in einem die freie Willensbestimmung ausschließenden Zustand krankhafter Störung der Geistestätigkeit einem anderen Schaden zufügt, ist für den Schaden nicht verantwortlich (§ 827 Satz 1 BGB). Besondere Regelungen gelten bei akuter Alkoholisierung (§ 827 Satz 2 und 3 BGB). Im Ergebnis bedeutet dies, dass jemand, der z. B. in einer akuten Psychose eine andere Person verletzt oder Sachschäden anrichtet, hierfür keinen Schadensersatz leisten muss. Auch eine Haftpflichtversicherung tritt in diesem Fall nicht ein, da ja gerade kein Schadensersatzanspruch besteht. Der Geschädigte bleibt auf seinem Schaden sitzen. Allerdings muss der krankheitsbedingte Ausschluss der freien Willensbestimmung im Streitfall nach Überzeugung des Gerichts unter sachverständiger Beratung feststehen. Andernfalls verbleibt es bei der Haftung, eine verminderte Deliktsfähigkeit gibt es nicht. Eine Betreuerbestellung hat keinen unmittelbaren Einfluss auf die Beurteilung der

Deliktsfähigkeit, vielmehr ist diese aufgrund des tatsächlichen Krankheitsbildes des Betroffenen festzustellen.

Demgegenüber betrifft die Schuldfähigkeit die Frage, ob jemand, der eine Straftat begangen hat, dafür bestraft werden kann. Nach § 20 StGB handelt ohne Schuld (und kann daher nicht bestraft werden), wer bei Begehung der Tat wegen einer krankhaften Störung der Geistestätigkeit, einer tiefgreifenden Bewusstseinsstörung, wegen Schwachsinns oder einer schweren anderen seelischen Abartigkeit unfähig ist, das Unrecht der Tat einzusehen oder nach dieser Einsicht zu handeln. Ist eine dieser Fähigkeiten zwar nicht aufgehoben, aber erheblich vermindert, kann die Strafe gemildert werden (§ 21 StGB).

Die strafrechtlichen Vorschriften zur Schuldunfähigkeit sind zunächst durch ihre diskriminierende Wortwahl gekennzeichnet. Die einzelnen Begriffe des § 20 StGB müssen psychiatrisch konkretisiert und dann bezüglich ihrer Auswirkungen auf die Einsichts- bzw. Steuerungsfähigkeit zum Tatzeitpunkt beurteilt werden. Dabei geht der Gesetzgeber auch im Strafrecht vom Grundsatz der freien Willensbestimmung und damit vom Vorliegen von Schuldfähigkeit aus. Das Vorliegen einer psychischen Krankheit im Sinn der psychiatrischen Klassifikationssysteme (z. B. ICD 10) bedeutet nicht automatisch, dass auch im rechtlichen Sinn eines der Merkmale des § 20 StGB erfüllt ist bzw. die Einsichts- oder Steuerungsfähigkeit beeinträchtigt ist. Allerdings ist in diesen Fällen eine Prüfung der Schuldfähigkeit unter Hinzuziehung eines psychiatrischen Sachverständigen geboten. Bei psychisch kranken Menschen geht es eher um die Beurteilung der Steuerungsfähigkeit als der Einsichtsfähigkeit, da letztere bei psychischen Krankheiten in der Regel nicht beeinträchtigt ist. Nur bei akuten Psychosen ist in der Regel von einer Aufhebung der Steuerungsfähigkeit auszugehen. Demgegenüber wird in der Praxis bei dem Vorliegen von Persönlichkeitsstörungen in aller Regel allenfalls von verminderter Schuldfähigkeit ausgegangen.

Die Annahme von Schuldunfähigkeit führt zwar dazu, dass der Betroffene nicht bestraft werden kann, also keine Geld- oder Freiheitsstrafe erhalten kann. Dennoch sind strafrechtliche Reaktionen in Form der Unterbringung möglich. → Strafrechtliche Unterbringung, Seite 98

Sozialrechtliche Grundbegriffe

In der psychiatrischen Praxis werden sozialrechtliche Begriffe häufig ungenau verwendet. Dies betrifft insbesondere die Begriffe, die eine krankheitsbedingte Einschränkung der Erwerbsfähigkeit beschreiben. Geschieht dies in ärztlichen Zeugnissen oder Attesten, kann Folge sein, dass Betroffene sich schwertun, ihre sozialen Rechte durchzusetzen.

← **Arbeitsunfähigkeit**

Der Begriff der Arbeitsunfähigkeit ist Voraussetzung für den Bezug von Krankengeld in der gesetzlichen Krankenversicherung (§ 44 SGB V). Dabei wird immer auf die zuletzt konkret ausgeübte Tätigkeit abgestellt. Kann diese infolge der psychischen Krankheit nicht verrichtet werden, ist der Betroffene arbeitsunfähig. Eine Verweisung auf andere Tätigkeiten kommt in der Regel nicht in Betracht, es gibt keine Teilarbeitsunfähigkeit. Auch während einer stufenweisen Wiedereingliederung nach § 74 SGB V besteht die Arbeitsunfähigkeit fort.

← **Erwerbsminderung**

Der Begriff der vollen oder teilweisen Erwerbsminderung als Voraussetzung für den Bezug einer Erwerbsminderungsrente der Gesetzlichen Rentenversicherung (§ 43 SGB VI) stellt dagegen nicht auf die zuletzt ausgeübte Tätigkeit, sondern auf den allgemeinen Arbeitsmarkt ab. Voll erwerbsgemindert ist danach, wer wegen Krankheit oder Behinderung auf absehbare Zeit außerstande ist, unter den üblichen Bedingungen des Arbeitsmarkts mindestens drei Stunden täglich erwerbstätig zu sein. Teilweise erwerbsgemindert ist, wer unter den vorgenannten Voraussetzungen nicht wenigstens sechs Stunden erwerbstätig sein kann. Auf die Arbeitsmarktlage kommt es dabei in der Regel nicht an. Anders als nach dem früher geltenden Recht gibt es keinen Berufsschutz mehr, so dass sich jeder auf alle denkbaren Tätigkeiten verweisen lassen muss.

Erwerbsfähigkeit ist Voraussetzung für den Bezug ⟵ **Erwerbsfähigkeit** von Arbeitslosengeld II (§ 8 SGB II). Erwerbsfähig ist danach, wer nicht wegen Krankheit oder Behinderung auf absehbare Zeit außerstande ist, unter den üblichen Bedingungen des allgemeinen Arbeitsmarktes mindestens drei Stunden täglich erwerbstätig zu sein. Für die Beurteilung der Erwerbsfähigkeit bzw. Erwerbsminderung kommt es auf die krankheitsbedingten Funktionsbeeinträchtigungen und deren Auswirkungen auf die Leistungsfähigkeit des Betroffenen unter Berücksichtigung des Krankheitsverlaufs und des aktuellen psychopathologischen Befunds an. Von besonderer Bedeutung können dabei ein chronischer Verlauf der Erkrankung sowie das Scheitern von Behandlungs- und Rehabilitationsmaßnahmen sein.

Vor dem 2.1.1961 geborene Personen können noch ⟵ **Berufsunfähigkeit** eine Rente wegen teilweiser Erwerbsminderung bei Berufsunfähigkeit beziehen (§ 240 SGB VI). Bei dem Begriff der Berufsunfähigkeit wird auf den Vergleich mit Versicherten mit ähnlicher Ausbildung und gleichwertigen Kenntnissen und Fähigkeiten abgestellt.

Der Begriff der Berufsunfähigkeit findet sich auch im privaten Versicherungsrecht bei der Berufsunfähigkeitsversicherung bzw. Berufsunfähigkeitszusatzversicherung. Er ist nicht identisch mit dem Begriff der Berufsunfähigkeit in der gesetzlichen Rentenversicherung. Vielmehr ist hier immer auf die zugrunde liegenden Versicherungsbedingungen abzustellen. Berufsunfähigkeit liegt in der Regel vor, wenn die versicherte Person infolge Krankheit voraussichtlich sechs Monate außerstande ist, ihren Beruf oder eine vergleichbare Tätigkeit auszuüben.

Der Begriff der Minderung der ⟵ **Minderung der Erwerbsfähigkeit** Erwerbsfähigkeit (MdE) ist Voraussetzung für den Bezug von Renten in der gesetzlichen Unfallversicherung (§ 56 SGB VII). Die Gesetzliche Unfallversicherung gewährt Leistungen bei Gesundheitsschäden als Folge von Arbeitsunfällen und Berufskrankheiten. Im sozialen Entschädigungsrecht wird nunmehr statt des Begriffs Minderung der Erwerbsfähigkeit der Begriff Grad der Schädigungsfolgen (GdS) verwendet (§ 30 BVG). Das soziale Entschädigungsrecht leistet einen Schadensausgleich für Gesundheitsschäden, für deren Entstehung der Staat eine besondere Verantwortung übernimmt (z.B. Kriegsfolgen, Wehrdienstschäden, Impfschäden, Schäden als Folge von Straftaten). Die MdE wird abstrakt ohne Bezug auf die konkreten Lebens- und Erwerbsverhältnisse festgelegt und richtet sich nach dem Umfang der sich aus der Beeinträchtigung des körperlichen und geistigen Leistungsvermögens ergebenden verminderten Arbeitsmöglichkeiten auf dem gesamten Gebiet des Erwerbslebens.

Grad der Behinderung

Im Schwerbehindertenrecht wurde der Begriff der Minderung der Erwerbsfähigkeit durch den Begriff Grad der Behinderung (GdB) ersetzt. Der GdB orientiert sich bei psychischen Krankheiten vor allem an den beruflichen und sozialen Anpassungsschwierigkeiten. Es kommt also bei der Beurteilung des GdB nicht alleine auf das Erwerbsleben, sondern auf alle Lebensbereiche an.

→ **Schwerehindertenrecht, Seite 94**

Der Umgang mit Informationen

Der Umgang mit Informationen über von psychischer Krankheit betroffene Menschen ist ein rechtlich und therapeutisch sensibles Thema. Auch hier ist von dem Grundsatz auszugehen, dass jeder und damit auch der psychisch kranke Mensch selbst bestimmen kann und muss, was mit seinen persönlichen Daten geschieht, d. h. wem er sie anvertraut und an wen sie weitergegeben werden können. Das Bundesverfassungsgericht hat in seinem Volkszählungsurteil entschieden, dass das allgemeine Persönlichkeitsrecht des Art. 2 Abs. 1 GG in Verbindung mit Art. 1 Abs. 1 GG auch das Recht auf informationelle Selbstbestimmung umfasst. Einschränkungen sind nur auf präziser gesetzlicher Grundlage unter Beachtung des Grundsatzes der Verhältnismäßigkeit zulässig.

In seiner Entscheidung zum Akteneinsichtsrecht im Maßregelvollzug vom 6. 1. 2006 (R&P 2006, 94 ff.) hat das Bundesverfassungsgericht den hohen Wert dieses Rechts nochmals betont und ausgeführt: »Ärztliche Krankenunterlagen mit ihren Angaben über Anamnese, Diagnose und therapeutische Maßnahmen betreffen den Patienten unmittelbar in seiner Privatsphäre. Deswegen und wegen der möglichen erheblichen Bedeutung der in solchen Unterlagen enthaltenen Informationen für selbstbestimmte Entscheidungen des Behandelten hat dieser generell ein geschütztes Interesse daran, zu erfahren, wie mit seiner Gesundheit umgegangen wurde, welche Daten sich dabei ergeben haben und wie man die weitere Entwicklung einschätzt. Dies gilt in gesteigertem Maße für Informationen über die psychische Verfassung.« Damit wird ein unmittelbarer Zusammenhang mit dem Selbstbestimmungsrecht des Patienten hinsichtlich der durchzuführenden Behandlung und damit zu den therapeutischen Inhalten hergestellt.

Rechtlich geht es um die Regelungen der beruflichen Schweigepflicht und des Datenschutzes einerseits, die Pflicht zur Dokumentation und das Recht auf Akteneinsicht in Behandlungsunterlagen sowie Behördenunterlagen andererseits. Da in aller Regel öffentliche Kostenträger beteiligt sind, geht es auch um den Zusammenhang zwischen der Schweigepflicht und dem Anspruch auf Sozialleistungen.

Rechtliche Grundlagen der Schweigepflicht

Regelungen der beruflichen Schweigepflicht finden sich in § 203 StGB, in den Berufsordnungen (z. B. § 9 MBO-Ä) oder in Arbeitsverträgen (z. B. nach § 3 Abs. 1 TVöD). Dabei knüpfen diese Regelungen entweder an die Zugehörigkeit zu einer bestimmten Berufsgruppe, ein bestimmtes Tätigkeitsfeld oder an ein Beschäftigungsverhältnis an. Je nach rechtlicher Grundlage greifen bei Verstößen unterschiedliche Sanktionen. Bei der strafbewehrten Berufsschweigepflicht des § 203 StGB kann eine Geldstrafe oder Freiheitsstrafe bis zu einem Jahr verhängt werden. Bei Verstoß gegen berufsrechtliche Regelungen können berufsrechtliche Maßnahmen eingeleitet werden, bei Verletzung des Arbeitsvertrages kann es zu einer Kündigung kommen. Weiterhin können bei Verletzung des allgemeinen Persönlichkeitsrechts Schadensersatzansprüche geltend gemacht werden.
Die wichtigste Vorschrift über die berufliche Schweigepflicht findet sich in § 203 StGB (Verletzung von Privatgeheimnissen). Von den Mitarbeitern in der psychiatrischen Versorgung betrifft sie Ärzte und Angehörige anderer Heilberufe mit staatlich geregelter Ausbildung (z. B. Krankenpflegepersonal, Ergotherapeuten), Psychologen und staatlich anerkannte Sozialarbeiter bzw. Sozialpädagogen, unabhängig von der Berufszugehörigkeit die Mitarbeiter einer staatlich anerkannten Suchtberatungsstelle (§ 203 Abs. 1 Nr. 1, 2, 4, 5 StGB). Nicht dazugehören z. B. Erzieher oder Pädagogen. Den vorgenannten Personen stehen gleich ihre berufsmäßigen Gehilfen sowie die bei ihnen in Vorbereitung für den Beruf tätigen Personen (§ 203 Abs. 3

StGB). Es handelt sich dabei im stationären Bereich vor allem um das Krankenpflegepersonal, soweit nicht bereits von den Heilberufen erfasst, aber auch um den Pförtner einer Klinik, im ambulanten und teilstationären Bereich vor allem um die Verwaltungsmitarbeiter.

MERKE → **Durch die strafrechtliche Verschwiegenheitspflicht wird in erster Linie der persönliche Lebensbereich im Sinn der informationellen Selbstbestimmung geschützt, daneben aber auch das Vertrauen in die Verschwiegenheit bestimmter Berufsgruppen.**

Der Betroffene soll darauf vertrauen können, dass alle Informationen, die er im geschützten Bereich offenbart, auch in diesem Bereich verbleiben und ohne seine Einwilligung oder besondere gesetzliche Grundlage nicht weitergegeben werden. Damit ist auch der therapeutische Prozess als solcher geschützt. Deswegen macht sich strafbar, wer unbefugt ein zum persönlichen Lebensbereich gehörendes Geheimnis offenbart, das ihm als Angehörigen einer der oben genannten Personengruppen anvertraut oder sonst bekannt geworden ist (§ 203 Abs. 1 StGB).

Ein Geheimnis liegt vor, wenn die entsprechenden Tatsachen nur einem beschränkten Personenkreis bekannt sind und der Betroffene an der Geheimhaltung ein sachlich begründetes Interesse hat. Dies wird bei Informationen, die in einem therapeutischen Gespräch oder im Rahmen der psychosozialen Arbeit der Bezugsperson mitgeteilt werden, regelmäßig der Fall sein. Allein die Tatsache, dass jemand Patient oder Klient ist, unterliegt schon der Geheimhaltung.

Das Offenbaren des Geheimnisses ist nicht strafbar, wenn eine Befugnis vorliegt. Die typische Befugnis ist die Einwilligung des Betroffenen (Schweigepflichtsentbindung). Dann entscheidet er in Ausübung seines Selbstbestimmungsrechts, an wen und in welchem Umfang Informationen weitergegeben werden dürfen.

Die Einwilligung des Betroffenen setzt auch insoweit Einwilligungsfähigkeit voraus. Dies beurteilt sich unabhängig von der Frage der Geschäftsfähigkeit und heißt, dass er Bedeutung und Tragweite seiner Entbindungserklärung verstehen muss. Bei fehlender Einwilligungsfähigkeit ist ggf. ein rechtlicher Betreuer mit entsprechendem Aufgabenkreis zu bestellen.

→ Einwilligungsfähigkeit, Seite 26

Eine Befugnis kann sich aber auch aus gesetzlichen Vorschriften ergeben. Dabei kann es sich z. B. um gesetzliche Offenbarungspflichten handeln, die Vorrang vor der Schweigepflicht haben. So besteht eine Anzeigepflicht bei bestimmten schweren geplanten (nicht bei bereits begangenen) Straftaten (§ 138 StGB), die der Schweigepflicht vorgeht. Die Mitarbeiter der Betreuungsbehörde sind unter bestimmten Voraussetzungen gesetzlich berechtigt oder auf Aufforderung verpflichtet, Umstände, die die Bestellung eines Betreuers erforderlich machen, dem Vormundschaftsgericht mitzuteilen (§§ 7, 8 BtBG). → Betreuerbestellung, Seite 79

Ein Bewährungshelfer ist verpflichtet, dem zuständigen Gericht über die Lebensführung des Verurteilten zu berichten (§ 56 d Abs. 3 Satz 3 StGB). Für Mitarbeiter einer forensischen Ambulanz besteht eine Befugnis im Rahmen des § 68 a Abs. 8 StGB gegenüber dem Gericht und dem Bewährungshelfer.

Ein gerichtlich bestellter Sachverständiger unterliegt keiner Schweigepflicht gegenüber dem ihn beauftragenden Gericht hinsichtlich der Informationen, die ihm im Rahmen der Gutachtenerstellung anvertraut werden.

All dies setzt aber voraus, dass der Betroffene von der grundsätzlich schweigepflichtigen Person darüber aufgeklärt wird, dass im konkreten Fall ausnahmsweise keine Schweigepflicht besteht. Nur so kann der Betroffene entscheiden, ob er dennoch Informationen preisgeben will oder ob es besser für ihn ist, dies nicht zu tun.

Eine Befugnis, die Schweigepflicht zu durchbrechen, besteht auch im Fall einer Zeugenpflicht vor Gericht. Der Personenkreis, dem im Strafprozess ein Zeugnisverweigerungsrecht zusteht, ist enger gefasst als der Personenkreis, der nach § 203 StGB zur Verschwiegenheit verpflichtet ist. Insoweit geht die Zeugnispflicht der Verschwiegenheitspflicht vor. Anders verhält es sich in den Verfahrensordnungen, für die § 383 ZPO gilt, z. B. in der freiwilligen Gerichtsbarkeit (Betreuungs- und Unterbringungsverfahren) oder im sozialgerichtlichen Verfahren. Hier umfasst der Personenkreis, der zur Zeugnisverweigerung in einem gerichtlichen Verfahren außerhalb des Strafverfahrens berechtigt ist, zumindest die in § 203 StGB genannten Personen.

Nach § 53 Abs. 1 StPO sind von den schweigepflichtigen Berufsgruppen nur Ärzte, psychologische Psychotherapeuten und Kinder- und Jugendlichenpsychotherapeuten sowie Mitarbeiter einer anerkannten Beratungsstelle für Fragen der Betäubungsmittelabhängigkeit nach dem BtMG sowie ihre jeweiligen Berufshelfer berechtigt, das Zeugnis zu verweigern. Dies ist nicht der Fall, wenn sie von der Schweigepflicht entbunden sind (§ 53 Abs. 2 StPO).

Eine Befugnis zur Durchbrechung der Schweigepflicht kann sich ausnahmsweise auch aus dem Gesichtspunkt des rechtfertigenden Notstands nach § 34 StGB ergeben. Dies ist immer dann der Fall, wenn eine Gefahr für ein höherwertiges Rechtsgut als die durch die Schweigepflicht geschützten Rechtsgüter abgewendet werden soll. Typische Fälle sind die Gefährdung Dritter oder des Betroffenen selbst, insbesondere im Zusammenhang mit Suiziddrohungen. Hier kann im Einzelfall eine Pflicht zur Durchbrechung der Schweigepflicht bestehen.

Die Schweigepflicht besteht auch gegenüber Personen, die ihrerseits der Schweigepflicht unterliegen, also auch gegenüber mitbehandelnden Ärzten und Therapeuten sowie anderen Einrichtungen. Keine Schweigepflicht besteht bei Minderjährigen gegenüber Eltern sowie rechtlichen Betreuern im Rahmen deren Aufgabenkreise, weil diese Personen insoweit gesetzliche Vertreter der Betroffenen sind.

In allen anderen Fällen ist für die Weitergabe von Informationen eine Schweigepflichtsentbindung erforderlich. Dies gilt bei Volljährigen auch gegenüber Angehörigen (zu dieser Problematik FABRICIUS in: R & P 1999, 111 ff.). In einer bekannt gewordenen Entscheidung hat das Bayerische

Oberste Landesgericht festgestellt, dass die Schweigepflicht auch gegenüber den Mitgliedern einer Supervisionsgruppe gilt, die aus anderen Mitarbeitern der Einrichtung besteht (BayObLG in: R&P 1995, 39). Damit ist die Frage der innerinstitutionellen Schweigepflicht berührt, die gerade in psychosozialen Einrichtungen eine große Rolle spielt (Thorwart in: R&P 1999, 10 ff.). Üblicherweise wird von einer mutmaßlichen Einwilligung des Betroffenen ausgegangen, wenn mehrere Personen an der Behandlung beteiligt sind und dies für den Betroffenen transparent ist. Dies ist zwar in der Regel in stationären Einrichtungen, nicht aber notwendigerweise bei der Arbeit in psychosozialen Einrichtungen der Fall, da hier häufig nur eine Person Bezugstherapeut oder Ansprechpartner ist. Im Zweifel sollte also eine Einwilligung des Betroffenen eingeholt werden und diesem gleichzeitig verdeutlicht werden, dass der fachliche Austausch im Team oder mit anderen behandelnden Personen der Qualität der therapeutischen Arbeit im Einzelfall dient.

Gegenüber Sozialleistungsträgern kann im Rahmen der Mitwirkungspflicht nach § 60 Abs. 1 Nr. 1 SGB I eine Pflicht zur Schweigepflichtsentbindung bestehen, wenn die Informationen für das Prüfen der Voraussetzungen eines Sozialleistungsanspruchs erforderlich sind. Aber auch insoweit ist eine Abwägung zwischen den Geheimhaltungsinteressen des Betroffenen und dem Informationsbedürfnis des Sozialleistungsträgers erforderlich. Nicht alles, was dem Arzt oder der Einrichtung mitgeteilt wird, ist für das Feststellen eines Sozialleistungsanspruchs erforderlich. Wird allerdings die Mitwirkung hinsichtlich der für den Sozialleistungsanspruch notwendigen Informationen verweigert, kann die Leistung versagt werden (§ 66 SGB I).

Rechtliche Grundlagen des Datenschutzes

Während die Vorschriften über die Schweigepflicht sich an die handelnden Personen wenden, betreffen die Vorschriften des Datenschutzes öffentliche und nicht-öffentliche Stellen, die personenbezogene Daten erheben, verarbeiten oder nutzen. Für nicht-öffentliche Stellen, zu denen auch Träger von Einrichtungen gehören können, gilt das Bundesdatenschutzgesetz nur, soweit Daten in oder aus Dateien verarbeitet oder genutzt werden (§ 1 Abs. 2 Nr. 3 BDSG). Dazu gehören auch Behandlungsunterlagen.

MERKE → Zweck des Datenschutzes ist es, den Einzelnen davor zu schützen, dass er durch den Umgang mit seinen personenbezogenen Daten in seinen Persönlichkeitsrechten beeinträchtigt wird (§ 1 Abs. 1 BDSG).

Besondere Regeln gelten für Sozialleistungsträger (§§ 35 SGB I, 67 ff. SGB X). Bei Verletzung von Datenschutzvorschriften bzw. des Sozialgeheimnisses bestehen Schadensersatzansprüche (§§ 8, 9 BDSG, 82 SGB X), in bestimmten Fällen kommen Strafbarkeit oder die Verhängung von Bußgeldern in Betracht (§§ 43, 44 BDSG, 85, 85 a SGB X).

Personenbezogene Daten dürfen nur bei dem Betroffenen erhoben werden, wenn nicht besondere gesetzliche Vorschriften eine Datenerhebung ohne Mitwirkung des Betroffenen zulassen (§§ 13 Abs. 2 BDSG, 67 a Abs. 2 SGB X). Angaben des Betroffenen sind freiwillig, soweit keine Auskunftspflicht besteht. Hierauf ist der Betroffene hinzuweisen (§§ 13 Abs. 3 BDSG, 67 a Abs. 3 SGB X).

Aus den sozialrechtlichen Mitwirkungspflichten des § 60 SGB I ergibt sich zwar keine Auskunftspflicht, Sozialleistungen können aber verweigert werden, wenn der Leistungsberechtigte erforderliche Auskünfte nicht erteilt. Auch hierauf ist der Betroffene hinzuweisen (§ 66 Abs. 3 SGB I).

Wie bei der Schweigepflicht ist für die Datenverarbeitung und damit auch die Übermittlung von Daten die Einwilligung des Betroffenen erforderlich (§§ 4 Abs. 1 BDSG, 67 b Abs. 1 SGB X). Daneben stehen gesetzliche Befugnisse, die eine Datenübermittlung zulassen. Im Bereich des Sozialgeheimnisses dürfen insbesondere jene Daten weitergegeben werden, die der jeweilige Sozialleistungsträger zur Erfüllung seiner Aufgabe benötigt (§69 SGB X). Hierunter fällt auch die Datenübermittlung an freie Träger, soweit dies zur Wahrnehmung der Aufgaben nach dem Sozialgesetzbuch erforderlich ist. Allerdings dürfen nur die Daten weitergegeben werden, die der freie Träger für die Aufgabenerfüllung benötigt, nicht ganze Akten. Weitere gesetzliche Befugnisse bestehen z. B. für die Übermittlung von Sozialdaten an das Vormundschaftsgericht, wenn dies nach pflichtgemäßem Ermessen des Sozialleistungsträgers erforderlich ist, um die Bestellung eines Betreuers zu ermöglichen (§71 Abs. 3 SGB X). Unter engen Voraussetzungen ist auch die Weitergabe von Daten für die Durchführung eines Strafverfahrens (§73 StGB) zulässig.

MERKE → Der Betroffene hat grundsätzlich einen Anspruch auf Auskunft über die zu seiner Person gespeicherten Daten (§§ 15 BDSG, 83 SGB X).

Der Umgang mit personenbezogenen Daten unterliegt nach den vorstehenden Bestimmungen und der Rechtsprechung des Bundesverfassungsgerichts dem Zweckbindungsprinzip, dem Erforderlichkeitsgrundsatz und dem Transparenzgebot. Daraus wird deutlich, dass ein verantwortlicher Umgang mit den persönlichen Daten der Betroffenen – und insbesondere Informationen, die seine Gesundheit betreffen – die Weitergabe nur in sehr eingeschränktem Maß zulässt. In erster Linie hat der Betroffene, soweit er einwilligungsfähig ist, selbst über den Umgang mit seinen Daten zu entscheiden. Nur in engen gesetzlichen Grenzen ist eine Datenübermittlung auch ohne seine Einwilligung zulässig.

Dokumentation und Akteneinsicht

Im Rahmen der beruflichen Aufgaben besteht die Pflicht zur Dokumentation der Tätigkeit, im Rahmen behördlicher Tätigkeit die Pflicht zur Aktenführung. Für Ärzte ist dies in §10 Abs. 1 MBO-Ä ausdrücklich festgelegt. Danach haben Ärzte über die in Ausübung ihres Berufs gemachten

Feststellungen und getroffenen Maßnahmen die erforderlichen Aufzeichnungen zu machen. Diese dienen nicht nur der Gedächtnisstütze des Arztes, sondern auch dem Interesse des Patienten an einer ordnungsgemäßen Dokumentation. Soweit besondere berufsrechtliche Regelungen fehlen, ergeben sich vergleichbare Pflichten aus dem mit dem Betroffenen geschlossenen Behandlungs- bzw. Betreuungsvertrag oder aus gesetzlichen Auskunfts- und Rechenschaftspflichten (z.B. nach §§ 1908 i, 1839 ff. BGB für rechtliche Betreuer) und betreffen damit den gesamten psychosozialen Bereich.

MERKE → **Die Dokumentation dient in erster Linie der dem Betroffenen geschuldeten Qualität der Behandlung bzw. Betreuung. Sie dient aber auch der Beweisführung über die durchgeführte Behandlung bzw. Betreuung und damit der Absicherung der Mitarbeiter.**

Der Dokumentationspflicht steht das Akteneinsichtsrecht des Betroffenen gegenüber. Dieses ergibt sich aus gesetzlichen Vorschriften (z.B. § 25 SGB X für Akten der Sozialleistungsträger oder § 34 FGG für Akten des Vormundschaftsgerichts) oder wie die Dokumentationspflicht aus dem Behandlungs- bzw. Betreuungsvertrag. Dabei handelt es sich nicht um eine bloße Obliegenheit oder Verpflichtung des Arztes bzw. der Einrichtung, sondern um ein in dem Recht auf informationelle Selbstbestimmung verankertes, jederzeit geltend zu machendes und einklagbares Recht des Betroffenen. In der Rechtsprechung des Bundesgerichtshofs ist dieses Recht für körperlich erkrankte Menschen seit langem anerkannt. Das Recht auf Akteneinsicht beinhaltet auch das Recht, Kopien der Unterlagen gegen Kostenerstattung zu verlangen. Allerdings hat der Bundesgerichtshof (BGH) das Recht auf Akteneinsicht auf sogenannte objektive Daten, d.h. Aufzeichnungen über objektive physische Befunde und Berichte über Behandlungsmaßnahmen, wie Operationen oder Medikation, beschränkt. Dazu gehört auch die ärztliche Diagnose.

Für den Bereich der Behandlung psychisch kranker Menschen hat der BGH im Fall eines ehemaligen, freiwillig in Behandlung befindlichen Patienten Einschränkungen vorgenommen. Diese betreffen Aufzeichnungen über subjektive Eindrücke bzw. ärztliche Unterlagen, wenn dem näher zu kennzeichnende schützenswerte Interessen des Arztes, Dritter oder des Patienten selbst entgegenstehen. Die Einschränkung wird damit begründet, dass sich die Akteneinsicht therapeutisch negativ auf den Patienten auswirken könne und dass im Rahmen der psychiatrischen Behandlung der Arzt selbst und Dritte (Angehörige) stärker in die Behandlung einbezogen seien und dadurch subjektive Beurteilungselemente in den Vordergrund treten können, so dass die Entscheidung nicht einseitig am Persönlichkeitsrecht des Betroffenen ausgerichtet werden könne (BGH in: R&P 1983, 31). Dieser Auffassung sind schon frühzeitig nicht nur Juristen, sondern auch Psychiater entgegengetreten (siehe Wullweber in: R&P 1983, 5 ff. und Dörner in: R&P 1983, 13 ff.: »Meine Patienten dürfen die Akten sehen.«) Demgegenüber hat das Bundesverwaltungsgericht im Fall eines ehemaligen untergebrachten Patienten ein weitgehendes Akteneinsichtsrecht anerkannt und Ausnahmen nur im Fall einer drohenden Selbstgefährdung zugelassen und dies mit dem Selbstbestimmungsrecht des Betroffenen und der damit verbundenen weitergehenden Grundrechtsbindung bei einer öffentlich-rechtlichen Unterbringung gegenüber einem freiwilligen, auf vertraglicher Grundlage beruhenden Aufenthalt begründet (BVerwG in: R&P 1989, 114).

Die bereits zitierte Entscheidung des Bundesverfassungsgerichts vom 9.1.2006 (R&P 2006, 94 ff.) zum Akteneinsichtsrecht eines im Maßregelvollzug Untergebrachten führt zu einer neuen Beurteilung des Akteneinsichtsrechts auch von freiwilligen Patienten. Das Bundesverfassungsgericht hat insoweit ausgeführt, dass es offen bleiben könne, ob die vorstehende Rechtsprechung des BGH angesichts neuerer Entwicklungen und zwischenzeitlich veränderter Anschauungen aus verfassungsrechtlicher Sicht der Weiterentwicklung in dem Sinne bedürfe, dass die Persönlichkeitsrechte des Patienten höher gewichtet werden. Dies ist ein deutlicher Hinweis darauf, dass auch außerhalb des Maßregelvollzugs und der öf-

fentlich-rechtlichen Unterbringung ein Akteneinsichtsrecht des psychisch kranken Menschen in seine vollständigen Krankenunterlagen – von seltenen Ausnahmen abgesehen – besteht. Dies gilt nicht nur für psychiatrische Krankenhäuser, sondern ebenso für niedergelassene Ärzte und psychosoziale Einrichtungen. Die Dokumentation ist deshalb ohne stigmatisierende oder diskriminierende Elemente so abzufassen, dass sie dem Betroffenen ohne Bedenken überlassen werden kann.
Auch das behördliche Akteneinsichtsrecht ist im Grundsatz unbeschränkt. Nach § 25 Abs. 2 SGB X besteht allerdings die Möglichkeit, bei Angaben über gesundheitliche Verhältnisse den Akteninhalt durch einen Arzt vermitteln zu lassen, soweit ein gesundheitlicher Nachteil des Betroffenen zu befürchten ist. Dies entspricht im Wesentlichen der oben genannten Güterabwägung.
Die Rechtsprechung hat in diesem Zusammenhang auch die Frage beschäftigt, ob der Betroffene den Widerruf einer nach seiner Auffassung falschen ärztlichen Diagnose verlangen kann. Der Bundesgerichtshof hat hierzu entschieden, dass es sich bei der psychiatrischen Diagnose um ein auf medizinischer Begutachtung beruhendes Werturteil handelt, dass einem Widerruf selbst dann nicht zugänglich ist, wenn die Diagnose sich nachträglich als unrichtig erweist (BGH in: R & P 1989, 116). Diese Position ist schwer nachzuvollziehen und vor allem Betroffenen schwer zu vermitteln. Allerdings kann ein leichtfertig ausgestelltes ärztliches Attest mit einer unrichtigen Diagnose einen Schadensersatzanspruch gegen den Arzt auslösen. → **Schadensersatzanspruch, Seite 57**

Rechtliche Grundlagen der Behandlung und Betreuung

Der Umgang mit einem psychisch kranken Menschen ist im Regelfall durch Kooperation unter Beachtung des Selbstbestimmungsrechts des Betroffenen, aber auch durch Rechtseingriffe geprägt. In der psychiatrischen Praxis wird, soweit möglich, eine von allen Beteiligten akzeptierte Behandlungsgrundlage angestrebt, die z. B. in einer Behandlungsvereinbarung Niederschlag finden kann. Im Sinn eines trialogischen Ansatzes können Angehörige einbezogen werden, wenn der Betroffene dies wünscht oder damit einverstanden ist. Rechtlich geht es um die vertraglichen Grundlagen der Behandlung oder Betreuung einerseits und um die rechtlichen Grundlagen für die Eingriffe in die Rechte der Betroffenen andererseits. In diesem Zusammenhang sind auch die rechtlichen Grundlagen einer – nur ausnahmsweise zulässigen – Zwangsbehandlung zu erörtern.

Behandlungs- und Betreuungsvertrag

Zunächst ist bei der Annahme eines ärztlichen oder therapeutischen Angebots von einer vertraglichen Grundlage auszugehen und zwar unabhängig davon, wer die Behandlung oder Betreuung bezahlt. Dies ist in aller Regel eine Frage des Sozialrechts.

→ Sozialrechtliche Grundlagen der psychiatrischen Versorgung, Seite 110

So werden z. B. die Behandlungskosten gesetzlich krankenversicherter Personen im Wege der Sachleistung von der Krankenkasse bezahlt und der Patient schuldet keine Vergütung. Anders ist es bei privat krankenversicherten Personen und Beamten. Diese schulden die Vergütung der Leistung und stellen diese dann ganz oder teilweise ihrer Versicherung oder der Beihilfe in Rechnung. Aber auch im Fall des sogenannte Kassenpatienten kommt ein zivilrechtlicher Behandlungsvertrag zustande mit entsprechenden Rechten und Pflichten außer der Vergütung (§76 Abs. 4 SGB V).

Ähnlich verhält es sich bei anderen Angeboten der psychosozialen Versorgung. Auch im Betreuten Wohnen wird mit dem Betroffenen ein Vertrag geschlossen, der gegenseitige Rechte und Pflichten begründet. Hierzu gehört auch die Vergütung der Leistung, die aber in aller Regel von einem Sozialleistungsträger erbracht wird. Ist ein Sozialhilfeträger zuständig, kann es allerdings vorkommen, dass der Betroffene die Leistung selbst bezahlen muss, wenn sein Vermögen die sozialhilferechtlichen Freibeträge übersteigt. Dies kann im Einzelfall demotivierend wirken und erforderlich machen, eine Alternative im psychosozialen Versorgungsangebot zu suchen, bei der keine oder eine geringere Eigenbeteiligung erbracht werden muss, weil die entsprechende Leistung z.B. zum Angebot der gesetzlichen Kranken- oder Rentenversicherung gehört.

Der Abschluss eines Behandlungs- oder Betreuungsvertrages setzt Geschäftsfähigkeit voraus. → Geschäftsfähigkeit, Seite 28

Ist der Betroffene geschäftsunfähig, kann der entsprechende Vertrag nur durch einen rechtlichen Betreuer mit entsprechendem Aufgabenkreis geschlossen werden. Handelt es sich um einen Heimvertrag nach dem Heimgesetz oder einen Vertrag mit einer Werkstatt für behinderte Menschen, wird bei Geschäftsunfähigkeit die Wirksamkeit des Vertrages fingiert, soweit Leistungen bereits erbracht wurden (§§5 Abs. 12 HeimG, 138 Abs. 5 SGB IX). Insoweit muss kein rechtlicher Betreuer bestellt werden.

Soweit es sich bei der Einrichtung um ein Heim im Sinn des Heimgesetzes handelt, sind die entsprechenden Vorschriften insbesondere über die Vertragsgestaltung und die Kündbarkeit anzuwenden. Einrichtungen des Betreuten Wohnens fallen allerdings nach derzeitiger Rechtslage nicht unter das Heimgesetz, wenn keine umfassende Betreuung und Versorgung angeboten wird (§1 Abs. 2 HeimG). Bei Verträgen des Betreuten Wohnens geht die Rechtsprechung von gemischten Verträgen aus, die Elemente des

Wohnens sowie der Betreuung enthalten. Die Gerichte neigen hier dazu, das Wohnraummietrecht anzuwenden mit der Folge, dass eine Kündigung des Betroffenen nur unter den Voraussetzungen des Wohnraummietrechts in Betracht kommt. Es empfiehlt sich daher, in den Betreuungsverträgen die Verknüpfung von Wohnen und Betreuungsleistungen genau zu regeln und die Kündigungsmöglichkeiten an den Vorschriften des Heimgesetzes zu orientieren. Danach kann der Heimträger nur aus wichtigem Grund kündigen. Ein solcher liegt vor, wenn der Gesundheitszustand des Betroffenen sich so verändert hat, dass eine fachgerechte Betreuung in dem Heim nicht mehr möglich ist (§8 Abs. 3 Nr. 2 HeimG). Dies lässt sich auf andere Einrichtungen übertragen.

Rechtsgrundlagen der Behandlung

Der Behandlung liegt nicht nur (in der Regel) ein Vertrag zwischen den beteiligten Personen zugrunde, sondern in unserer Rechtsordnung wird jeder ärztliche oder therapeutische Eingriff, wozu auch die Medikamentenvergabe oder psychotherapeutische Verfahren gehören können, als Körperverletzung im zivil- und strafrechtlichen Sinn angesehen, die üblicherweise keine rechtlichen Folgen für den Arzt hat, weil der aufgeklärte Patient in die Behandlung rechtswirksam eingewilligt hat.

MERKE → **Grundlage für jede ärztliche Behandlung ist die rechtswirksame Einwilligung des Betroffenen. Diese wiederum setzt die vorherige Aufklärung über die vorliegende Erkrankung (Diagnose), die in Betracht kommenden Behandlungsmaßnahmen einschließlich möglicher Alternativen sowie die mit der Behandlung verbundenen Gefahren (Risken und Nebenwirkungen) voraus.**

Anders kann der betroffene Patient nicht in Ausübung seines Selbstbestimmungsrechts entscheiden, ob er die angebotene Behandlung durchführen (also in diese einwilligen) oder ablehnen will. Dies gilt, einschließlich des Rechts auf Ablehnung der Behandlung, grundsätzlich ebenso bei der Behandlung psychisch kranker Menschen. Insbesondere sind auch psychisch kranke Menschen unabhängig von einer eventuell bestehenden Einwilligungsunfähigkeit aufzuklären. Allerdings setzt eine wirksame Einwilligung in die Behandlung Einwilligungsfähigkeit voraus.

Einwilligungsfähigkeit, Seite 26

Dabei ist vor allem auf den Erfahrungshintergrund des psychisch kranken Menschen abzustellen. Unzulässig aus rechtlicher Sicht ist es, aus der Ablehnung einer Behandlungsmaßnahme auf die fehlende Einwilligungsfähigkeit zu schließen. Vielmehr darf auch der psychisch kranke Mensch Behandlungen ablehnen, soweit er einwilligungsfähig ist.

Liegt Einwilligungsfähigkeit nicht vor, kann der Betroffene nicht wirksam in die Behandlung einwilligen. Dies bedeutet zunächst aber auch, dass die Behandlung nicht durchgeführt werden kann, es sei denn, ein rechtlicher Betreuer mit dem entsprechenden Aufgabenkreis erteilt unter Berücksichtigung der Wünsche des Betroffenen (§1901 Abs. 3 BGB) stellvertretend die Einwilligung oder es liegt eine Rechtsgrundlage vor, die ausnahmsweise eine Zwangsbehandlung gestattet. Ist ein Betreuer mit dem entsprechenden Aufgabenkreis bestellt, kann dieser die Einwilligung des Betroffenen aber nur ersetzen, soweit dieser einwilligungsunfähig ist. Anderenfalls entscheidet trotz bestehender Betreuung der Betroffene allein. Es kann also nur der Betreute oder der Betreuer einwilligen.

Bei Zweifeln kann es aus Sicht des behandelnden Arztes sinnvoll sein, sowohl die Einwilligung des Betreuten als auch des Betreuers einzuholen, damit in jedem Fall eine wirksame Einwilligung vorliegt.

Rechtsgrundlagen der Zwangsbehandlung

Das Recht auf körperliche Unversehrtheit ist eines der zentralen Grundrechte, in das nur aufgrund eines Gesetzes eingegriffen werden darf (Art. 2 Abs. 2 Satz 1 und 3 GG). Dies bedeutet, dass auch eine psychiatrische Behandlung, in deren Rahmen ausnahmsweise Zwang angewendet werden soll, nur unter gesetzlich ausdrücklich normierten Voraussetzungen zulässig ist. Aus dem verfassungsrechtlichen Grundsatz der Verhältnismäßigkeit ergibt sich außerdem, dass Zwangsmaßnahmen nur in Betracht kommen, wenn alle anderen Behandlungsmöglichkeiten und -alternativen ausgeschöpft sind, die ohne Zwang auskommen. In diesem Sinn sind auch im psychiatrischen Alltag deeskalierende Maßnahmen, die die Anwendung von Zwang von vornherein vermeiden, verfassungsrechtlich geboten.

Rechtliche Grundlagen für eine Zwangsbehandlung gegen den ausdrücklichen Willen und Widerstand des Betroffenen finden sich in den Unterbringungs- und Psychisch-Kranken-Gesetzen (PsychKG) bzw. Maßregelvollzugsgesetzen der Bundesländer. Allerdings werden die Voraussetzungen und Grenzen der Zwangsbehandlung in den einzelnen Bundesländern unterschiedlich geregelt. Während z. B. nach § 21 Abs. 3 NdsPsychKG die untergebrachte Person eine Behandlung zu dulden hat, wenn diese notwendig ist, um die der Unterbringung zugrunde liegende Krankheit oder Behinderung zu heilen oder zu lindern oder die Gesundheit anderer zu schützen, hat der untergebrachte psychisch Kranke nach § 30 Abs. 2 BerlPsychKG nur unaufschiebbare Behandlungsmaßnahmen in Krisensituationen zu dulden (vgl. auch § 18 Abs. 4 NRWPsychKG).

MERKE → **Eine Behandlung ist ohne oder gegen den Willen des Betroffenen nur in Fällen von Lebensgefahr oder erheblicher Gefahr für die eigene Gesundheit oder die Gesundheit anderer Personen zulässig.**

Der bereits erwähnte Grundsatz der Verhältnismäßigkeit gebietet für alle Bundesländer eine entsprechend enge Auslegung.

Auch die Anwendung besonderer Sicherungsmaßnahmen wie Isolierung und Fixierung ist nur in akuten Gefahrensituationen zulässig und setzt ebenfalls voraus, dass die Gefahr nicht durch weniger einschneidende Maßnahmen abgewendet werden kann. Bei Fixierungen ist eine ständige Beobachtung sicherzustellen (siehe z. B. § 20 NRWPsychKG). Soweit eine Behandlung ohne oder gegen den Willen des Betroffenen in den vorgenannten engen gesetzlichen Grenzen zulässig ist, darf auch unmittelbarer

Zwang durch die Mitarbeiter des Krankenhauses angewendet werden (so ausdrücklich §16 ThürPsychKG; Art. 13 Abs. 2 BayUG).
Umstritten ist dagegen, ob auch das Betreuungsrecht eine gesetzliche Grundlage für eine Zwangsbehandlung enthält. Das Betreuungsrecht geht grundsätzlich davon aus, dass der rechtliche Betreuer seine Aufgaben im Dialog mit dem Betroffenen und ohne Zwangsbefugnisse erfüllt. Nur im Fall einer vom Vormundschaftsgericht genehmigten betreuungsrechtlichen Unterbringung gestattet das Betreuungsrecht dem Betreuer insoweit mittelbar die Anwendung von Zwang, als über die Betreuungsbehörde polizeiliche Vollzugsorgane angefordert werden können, um den Betroffen in die Klinik zu bringen, falls dieser nicht freiwillig mitgeht (§70g Abs. 5 FGG). Der Bundesgerichtshof hat daher konsequenterweise entschieden, dass das Betreuungsrecht keine Rechtsgrundlage für eine ambulante Zwangsbehandlung enthält und es daher nicht zulässig ist, einen Betroffenen alle zwei Wochen regelmäßig mit Gewalt zur Verabreichung der Dauermedikation mit Neuroleptika in eine psychiatrische Klinik zu bringen (BGH in: R&P 2001, 46).
Auch von Seiten der Psychiatrie wurde überwiegend die Auffassung vertreten, dass eine rechtliche Grundlage für eine ambulante Zwangsbehandlung nicht erforderlich sei. Daher scheiterten auch Gesetzesvorhaben, entsprechende Vorschriften in das Betreuungsrecht oder die PsychKGs aufzunehmen.
Allerdings hat der Bundesgerichtshof zwischenzeitlich entschieden, dass im Rahmen einer nach §1906 Abs. 1 Nr. 2 BGB genehmigten Unterbringung die Befugnis des Betreuers, in ärztliche Maßnahmen gegen den natürlichen Willen eines einwilligungsunfähigen Betreuten einzuwilligen, ausnahmsweise auch das Recht umfassen kann, erforderlichenfalls einen der ärztlichen Maßnahme entgegenstehenden Willen des Betreuten zu überwinden, d. h. Gewalt anzuwenden (BGH in: R&P 2006, 141). In dieser umstrittenen Entscheidung vertritt der BGH die Auffassung, dass eine Unterbringung nach §1906 Abs. 1 Nr. 2 BGB anderenfalls keinen Sinn ma-

chen würde, obwohl in dieser Vorschrift nur die Unterbringung selbst, nicht aber die (Zwangs-)Behandlung geregelt wird (zur Problematik der Zwangsbehandlung Marschner in: R&P 2005, 47ff. und 2007, 180ff.). Im Ergebnis bestätigt der BGH damit eine verbreitete Praxis, nach der eine Zwangsbehandlung auch im Rahmen der betreuungsrechtlichen Unterbringung zulässig ist, allerdings nur in engen Grenzen und unter Beachtung des Grundsatzes der Verhältnismäßigkeit. Gleichzeitig fordert der BGH, dass bereits im Rahmen der Unterbringungsentscheidung die beabsichtigte Behandlung hinsichtlich Arzneimittel, Wirkstoff, Dosis und Verabreichungshäufigkeit konkret festgelegt wird. Eine Zwangsbehandlung in offenen Einrichtungen oder außerhalb einer geschlossenen Unterbringung zur Durchführung der Behandlung kommt nicht in Betracht (BGH in: R&P 2008, 123).

Patientenverfügung und Behandlungsvereinbarung

In der rechtlichen Diskussion der letzten Jahre spielt zunehmend die Frage eine Rolle, ob und inwieweit die Behandlung betreffende Entscheidungen auch vorab deklariert werden können, also zu einem früheren Zeitpunkt als die konkrete Behandlung. Aus Sicht der Betroffenen geht es um die Wahrung der Selbstbestimmung auch in psychiatrischen Krisen, für Mitarbeiter psychiatrischer Einrichtungen stellt sich die Frage der Verbindlichkeit des von den Betroffenen vorab geäußerten Willens. In der rechtlichen und psychiatrischen Diskussion geht es damit um die Verbindlichkeit von Patientenverfügungen und Behandlungsvereinbarungen.

Der Bundesgerichtshof hat in seiner Entscheidung vom 17.3.2003 für die Problematik lebenserhaltender bzw. -verlängernder Maßnahmen die grundsätzliche Verbindlichkeit eines in einer Patientenverfügung niedergelegten Willens bestätigt und dies mit dem Selbstbestimmungsrecht begründet, das auch dann noch zu respektieren ist, wenn der Betroffene zu eigenverantwortlichem Entscheiden nicht (mehr) in der Lage ist. Soweit ein Betreuer bestellt ist, hat dieser dem Patientenwillen gegenüber Arzt und Pflegepersonal in eigener rechtlicher Verantwortung und nach Maßgabe des §1901 BGB Ausdruck und Geltung zu verschaffen (BGH in: R&P 2003, 153).

Diese Entscheidung des BGH ist auf Fälle der psychiatrischen Behandlung übertragbar, weil es auch hier um Willensäußerungen geht, die zu einem früheren Zeitpunkt für den Fall der späteren Einwilligungsunfähigkeit in einer psychiatrischen Krise formuliert werden. Allerdings ist auch hier Voraussetzung, dass der Betroffene bei Abgabe seiner Willensäußerung in einer Patientenverfügung oder Behandlungsvereinbarung einwilligungsfähig ist und dass er sich eine hinreichend konkrete Vorstellung über die Behandlung gemacht hat, in die er vorab einwilligen oder die er vorab ablehnen möchte. Insoweit kann auf frühere positive oder negative Erfahrungen mit psychiatrischen Behandlungen zurückgegriffen werden. Aus rechtlicher Sicht besteht kein Unterschied zwischen einer (einseitig erstellten) Patientenverfügung und einer (in Absprache mit den behandelnden Institutionen erstellten) Behandlungsvereinbarung, weil es sich bei der Einwilligung in bzw. Ablehnung von Behandlungsmaßnahmen nicht um einen Vertrag, sondern um eine einseitige Willenserklärung handelt. Dennoch ist der Abschluss einer Behandlungsvereinbarung schon deswegen sinnvoll, weil durch die Beteiligung der behandelnden Ärzte von der Einwilligungsfähigkeit des Betroffenen zum Zeitpunkt des Abschlusses der Behandlungsvereinbarung ausgegangen werden kann und weil der Betroffene in aller Regel von der Akzeptanz seines in der Behandlungsvereinbarung niedergelegten Willens ausgehen kann. Bei einer Patientenverfügung empfiehlt sich daher ein Arztvermerk, dass der Betroffene zum Zeitpunkt der Erstellung in Bezug auf die in Betracht kommenden Behandlungsmaßnahmen einwilligungsfähig ist.

Liegen die vorgenannten Voraussetzungen vor, sind die behandelnden Ärzte an den in der Patientenverfügung oder Behandlungsvereinbarung niedergelegten Willen gebunden. Dies gilt auch für die Ablehnung der Behandlung. Dann kann auch nicht – wie es in der Praxis teilweise geschieht – ein rechtlicher Betreuer zur Umgehung des Willens des Betroffenen bestellt werden, denn auch dieser ist weitgehend an den Willen des Betroffenen gebunden (§ 1901 Abs. 2 und 3 BGB). Der Wille des Betroffenen kann ausnahmsweise nur im Rahmen einer Unterbringung nach dem jeweiligen PsychKG bzw. Unterbringungsgesetz auf der Grundlage der dortigen Regelungen zur Zwangsbehandlung, d. h. in akuten Gefahrensituationen, übergangen werden. Aber auch in diesen Fällen ist im Rahmen der Verhältnismäßigkeitsprüfung soweit wie möglich der Wille des Betroffenen zu berücksichtigen, wenn es z. B. um die Wahl zwischen mehreren Medikamenten oder zwischen einer Zwangsmedikation und einer Fixierung geht.

MERKE → **Patientenverfügung und Behandlungsvereinbarung sind geeignete Instrumente der Selbstbestimmung und Vermeidung von Zwang in der Psychiatrie.**

Ihre Akzeptanz ist am größten, wenn sich beide Seiten – wie bei der Behandlungsvereinbarung – auf die durchzuführenden Maßnahmen verständigen können. Aber auch sonst ist der Patientenwillen nach der Rechtsprechung des BGH – von wenigen Ausnahmen abgesehen – zu respektieren.

Haftung der Mitarbeiter psychiatrischer Einrichtungen

Rechtliche Grundlagen der Haftung

Eine rechtliche Verantwortung für das berufliche Handeln kann sich aus straf- und zivilrechtlichen Vorschriften ergeben. Dabei wird im Fall strafrechtlicher Verantwortung ein Strafverfahren mit dem Ziel der Bestrafung des Mitarbeiters durchgeführt. Zivilrechtlich wird in der Regel die Zahlung von Schadensersatz an den Betroffenen oder Dritte angestrebt. Zum Schadensersatz gehört auch das Schmerzensgeld. Im Einzelfall kommen ein strafrechtliches sowie ein zivilrechtliches Vorgehen in Betracht. Beide Bereiche schließen sich nicht aus, unterliegen aber zumindest teilweise unterschiedlichen Regelungen (insbesondere im Hinblick auf die Beweisanforderungen). Eine Verletzung berufsrechtlicher Pflichten kann bereichsspezifisch geregelt sein (z.B. bei der Verletzung von Privatgeheimnissen nach § 203 StGB oder bei Verstoß gegen die Vorschriften des Datenschutzrechts) oder sich nach allgemeinen strafrechtlichen bzw. zivilrechtlichen Vorschriften richten. Der rechtliche Betreuer haftet gegenüber dem Betreuten für schuldhafte Pflichtverletzungen (§§ 1908 i, 1833 BGB), der gerichtliche Sachverständige für ein grob fahrlässig oder vorsätzlich unrichtig erstelltes Gutachten (§ 839 a BGB). Auch in anderen Fällen kann das Erstellen eines falschen ärztlichen Attests oder Gutachtens eine Schadensersatzpflicht auslösen (BGH in: R & P 1989, 116 und 1995, 184).

Strafrechtliche Verantwortung

Eine strafrechtliche Verantwortung des einzelnen Mitarbeiters kommt insbesondere bei einer Schädigung der Gesundheit in Betracht. Strafbarkeit kann insoweit nach § 223 StGB (vorsätzliche Körperverletzung) oder nach § 229 StGB (fahrlässige Körperverletzung) bestehen. Wird durch Fahrlässigkeit der Tod eines Patienten verursacht (z. B. in Zusammenhang mit einem Suizid), kommt Strafbarkeit nach § 222 StGB wegen fahrlässiger Tötung in Betracht. Dabei kann Strafbarkeit nach den vorgenannten Vorschriften nicht nur bei aktivem Handeln, sondern auch im Fall eines Unterlassens vorliegen, wenn eine besondere rechtliche Verantwortung dafür besteht, dass eine bestimmte Folge (Tod oder Schädigung der Gesundheit) nicht eintritt (§ 13 StGB). Die Strafbarkeit durch Unterlassen setzt somit eine sogenannte Garantenstellung voraus. Dies bedeutet, dass Strafbarkeit sowohl durch eine fehlerhafte Behandlung, die zu einer Gesundheitsschädigung oder zum Tod führt, entstehen kann als auch durch das Unterlassen einer gebotenen Behandlung. Im Fall einer rechtswidrigen Unterbringung oder Fixierung kann eine Strafbarkeit wegen Freiheitsberaubung (§ 239 StGB) vorliegen. Eine strafbare Körperverletzung liegt auch dann vor, wenn die Behandlung ohne rechtswirksame Einwilligung des Betroffenen oder seines rechtlichen Betreuers vorgenommen wird, soweit nicht eine gesetzliche Vorschrift die Behandlung ausnahmsweise ohne Einwilligung erlaubt.

→ **Zwangsbehandlung, Seite 52**

← Zivilrechtliche Verantwortung

Eine zivilrechtliche Verantwortung gegenüber dem Betroffenen kann sowohl auf vertraglicher Grundlage oder nach dem Recht der unerlaubten Handlungen gemäß §§ 823 ff. BGB bestehen und zu Schadensersatzansprüchen gegenüber dem Träger der Einrichtung und dem Mitarbeiter führen. Die Schutzgüter des § 823 BGB (Leben, Körper, Gesundheit, Freiheit) entsprechen insoweit den vorgenannten strafrechtlichen Vorschriften. Dies betrifft auch die Verantwortlichkeit im Fall fehlender Einwilligung sowie des Unterlassens. So hat der Bundesgerichtshof z. B. entschieden, dass es zu den auch vertraglich übernommenen Pflichten des Krankenhauses gehört, bei einem suizidgefährdeten Patienten alle Gefahren abzuwenden, die ihm wegen der Krankheit durch sich selbst drohen (BGH in: R&P 1994, 141 und R&P 2001, 42). Die Sorgfaltspflichten sind unabhängig von der Rechtsgrundlage (Vertragsverletzung oder unerlaubte Handlung) gleich zu beurteilen. Wird der Betroffene auf einer geschlossenen Abteilung eines Landeskrankenhauses behandelt, geht die Rechtsprechung des Bundesgerichtshofs davon aus, dass die Vorschriften der Amtshaftung nach § 839 BGB anzuwenden sind, selbst wenn keine Unterbringung vorliegt, sondern die Behandlung mit Einverständnis des Betroffenen und seines Betreuers erfolgt (BGH in: R&P 2008, 126). Auch insoweit sind die oben genannten Schutzgüter betroffen. Der Anspruch richtet sich in diesen Fällen in erster Linie gegen den Träger des Krankenhauses und nicht gegen die Mitarbeiter (Art. 34 GG).

Garantenstellung

Eine Garantenstellung kommt im vorliegenden Zusammenhang in der Regel durch eine vertragliche Übernahme der Behandlung oder Betreuung zustande. Es muss aber noch kein Behandlungs- oder Betreuungsvertrag zustande gekommen sein oder dieser rechtlich nicht wirksam sein, es genügt vielmehr die tatsächliche Übernahme der Verantwortung für die Gesundheit des Betroffenen. Dies kann bereits bei einem ersten Behandlungskontakt geschehen oder im Rahmen der Tätigkeit als Not- oder Bereitschaftsarzt. Entscheidend ist, dass der Betroffene darauf vertrauen kann, dass ihm geholfen wird. Allenfalls bei niedrigschwelligen Beratungsangeboten, die dem Betroffenen den Zugang und die Inanspruchnahme psychiatrischer Hilfsangebote erst ermöglichen sollen, ist zumindest am Anfang des Beratungskontakts nicht von der für eine Garantenstellung erforderlichen Verbindlichkeit auszugehen. Dies ist aber spätestens dann der Fall, wenn sich der Betroffene zu einer wiederholten oder regelmäßigen Inanspruchnahme des Beratungsangebots entschließt. Eine Garantenstellung kann sich auch aus gesetzlichen Pflichten ergeben, z. B. im Rahmen des Schutzauftrages des Jugendamts bei Kindswohlgefährdung nach § 8 a SGB VIII oder der nach den Unterbringungs- bzw. Psychisch-Kranken-Gesetzen übernommenen öffentlichen Aufgaben. Eine Garantenstellung gegenüber dem Betroffenen besteht daher bei den meisten psychiatrischen Versorgungsangeboten, also bei stationärer und ambulanter Behandlung, in Wohnheimen und im Betreuten Wohnen sowie bei Sozialpsychiatrischen Diensten und Krisen-

diensten, und zwar unabhängig davon, ob sie in öffentlich-rechtlicher oder privatrechtlicher Trägerschaft sind.
Weitergehend können sich aus gesetzlichen Aufgaben Pflichten gegenüber Dritten ergeben, z. B. nach den Unterbringungs- bzw. Psychisch-Kranken-Gesetzen, die auch der Abwehr von Gefahren für Dritte dienen, bei der Gewährung von Vollzugslockerungen im Maßregelvollzug oder im Rahmen der Aufsichtspflicht in der Kinder- und Jugendpsychiatrie, aber nur ausnahmsweise im Betreuungsrecht.

Sorgfaltspflichten und berufliche Standards

Das Vorliegen einer Garantenstellung gegenüber dem Betroffenen oder einer gesetzlichen Pflicht gegenüber Dritten begründet für sich genommen ebenso wenig die straf- oder zivilrechtliche Verantwortung des Mitarbeiters wie die Verletzung eines geschützten Rechtsguts.

MERKE → **Für eine rechtliche Verantwortung muss die schuldhafte Verletzung der jeweiligen beruflichen Sorgfaltspflichten hinzukommen. Außerdem muss ein Eingreifen dem Mitarbeiter zumutbar sein.**

Die Sorgfaltspflichten richten sich nach den beruflichen Standards und dem anerkannten Fachwissen der jeweiligen Berufsgruppe und sind, soweit nicht gegen gesetzliche Pflichten verstoßen wird, gesetzlich nicht definiert. → Berufsrechtliche Regelungen, Seite 13

Nach der Charta »Patientenrechte in Deutschland« hat der Patient Anspruch auf eine qualifizierte und sorgfältige medizinische Behandlung nach den anerkannten Regeln der ärztlichen Kunst. Weitere Berufspflichten ergeben sich aus der Musterberufsordnung für Ärztinnen und Ärzte. Ein Psychotherapeut verletzt seine Berufspflichten, wenn er das Abstinenzgebot missachtet und eine persönliche Beziehung zu seiner Patientin eingeht (OLG Düsseldorf in: NJW 1990, 1543). Dies ist auf andere Berufsgruppen übertragbar. Allerdings besteht das Problem, dass die fachlichen Standards in anderen Berufsgruppen, insbesondere in der sozialen Arbeit, bei weitem nicht so präzise definiert sind wie in der Medizin. Zu den beruflichen Sorgfaltspflichten gehört es auch, andere Berufsgruppen hinzuzuziehen, wenn die eigenen Kenntnisse und Fähigkeiten nicht ausreichen. Die Folge der vorgenannten Problematik ist, dass die Rechtsprechung hinsichtlich der rechtlichen Verantwortung der Mitarbeiter psychiatrischer Einrichtungen ganz überwiegend die dort tätigen Ärzte und den stationären Bereich betrifft.

⟵ Pflichten zur Verhinderung eines Suizids

Die straf- und zivilrechtliche Rechtsprechung hat sich insbesondere immer wieder mit den ärztlichen Pflichten zur Verhinderung eines Suizids im psychiatrischen Krankenhaus beschäftigt. Sie ist in ihren Grundsätzen auf die Mitarbeiter ambulanter und teilstationärer Einrichtungen übertragbar. Die bereits oben erwähnte Pflicht zur Abwendung der Gefahren, die bei einem suizidgefährdeten Patienten durch sich selbst bestehen, besteht allerdings nur im Rahmen des Erforderlichen und des für das Krankenhauspersonal und den Betroffenen Zumutbaren. Da ein Suizid auch während des Aufenthalts in einem psychiatrischen Krankenhaus niemals mit absoluter Sicherheit vermieden werden kann, können entwürdigende Überwachungs- und Sicherungsmaßnahmen nicht verlangt werden, weil sie den Aufbau einer Erfolg versprechenden, auf einer vertrauensvollen Beziehung beruhenden Therapie gefährden (BGH in: R&P 1994, 141).

Die Abwägung zwischen Sicherungs- und Therapieerwägungen ist immer im Einzelfall vorzunehmen. Ohne besondere Umstände kann nicht verlangt werden, dass in einer offenen Station einer psychiatrischen Klinik alle Türen und Fenster verschlossen werden (BGH in: R&P 2001, 42). Allerdings kann am Beginn einer Aufnahme in ein psychiatrisches Krankenhaus der Sicherungsaspekt im Vordergrund stehen und im Einzelfall auch eine geschlossene Unterbringung erfordern, wenn einer akuten Suizidgefahr anders nicht begegnet werden kann und eine therapeutische Beziehung noch nicht aufgebaut werden konnte. Der Träger eines psychiatrischen Krankenhauses hat durch organisatorische Maßnahmen die Beobachtung eines suizidgefährdeten Patienten zu gewährleisten. Hierfür kann der Einsatz von Sitzwachen geboten sein. Auf eine unzureichende personelle Besetzung der Station kann sich der Träger des Krankenhauses nicht berufen (OLG Hamm in: R&P 1993, 203).

Übertragen auf den ambulanten und teilstationären Bereich bedeutet dies, dass, bei Zugrundelegung einer Garantenstellung, im Einzelfall bei akuter Suizidalität eine geschlossene Unterbringung nach dem PsychKG bzw. Unterbringungsgesetz durch die dafür zuständigen Institutionen veranlasst werden muss, wenn keine anderen therapeutischen Maßnahmen (Hinzuziehung eines Psychiaters, Medikation, Sitzwache oder engmaschige Betreuung) greifen.

⟵ Sorgfaltspflichten in Heimen

Daneben hat sich die Rechtsprechung immer wieder mit den Sorgfaltspflichten von Heimträgern bzw. Mitarbeitern von Heimen gegenüber den Heimbewohnern insbesondere bei sturzbedingten Verletzungen beschäftigt. Dabei ist grundsätzlich davon auszugehen, dass Heimverträge auch die Verpflichtung beinhalten, die Bewohner vor Schädigungen zu schützen, die diesen wegen Krankheit oder Behinderung durch sich selbst oder durch die Einrichtung und bauliche Gestaltung des Heims drohen (BGH in: R&P 2005, 151). Dies entspricht der Rechtsprechung zu den Pflichten zur Verhinderung eines Suizids im psychiatrischen Krankenhaus. Der BGH hat die Pflichten des Heimes aber begrenzt auf die in Heimen üblichen Maßnahmen, die mit einem vernünftigen finanziellen und personellen Aufwand realisierbar sind, und außerdem betont, dass im Rahmen der im Einzelfall gebotenen Abwägung auch die Würde und das Selbstbestimmungsrecht des Bewohners zu berücksichtigen sind. Dabei ist in der Regel auch die Entscheidung eines rechtlichen Betreuers, keinen Antrag auf Fixierung bei dem zuständigen Vormundschaftsgericht zu stellen, zu respektieren (OLG Koblenz in: R&P 2002, 30).

⟵ Schadensersatzansprüche bei Unterbringung und Fixierung

Umgekehrt kann eine rechtswidrige Unterbringung oder Fixierung Schadensersatzansprüche auslösen oder im Einzelfall Strafbarkeit wegen Freiheitsberaubung nach § 239 StGB begründen. Dies ist z. B. dann der Fall, wenn der Betroffene ohne Einwilligung des rechtlichen Betreuers und ohne gerichtliche Entscheidung in einem psychiatrischen Krankenhaus festgehalten oder fixiert wird. Bei einer Unterbringung nach dem Unterbringungsgesetz oder PsychKG entscheidet das Krankenhaus selbst im Rahmen der gesetzlichen Vorgaben über die Zulässigkeit weiterer Sicherungsmaßnahmen. Eine Freiheitsentziehung aus dem Gesichtspunkt des rechtfertigenden Notstands (§ 34 StGB) zur Abwehr von Gefahren für den Betroffenen selbst oder Dritte ist im Übrigen nur vorübergehend zulässig, bis eine gesetzliche Grundlage geschaffen wurde, insbesondere die unverzüglich einzuholende Einwilligung des Betreuers bzw. Bevollmächtigten sowie die vormundschaftsgerichtliche Genehmigung vorliegen. Schadensersatzansprüche bestehen nach der Rechtsprechung zum Beispiel, wenn der Betroffene sich während einer medizinisch nicht indizierten Fixierung im Psychiatrischen Krankenhaus verletzt (OLG Karlsruhe in: R&P 1995, 185) oder wenn ein manisch erregter Patient, der medikamentös nicht ausreichend beruhigt worden war, durch das Pflegepersonal mechanisch im Bett fixiert wird, ohne dass eine ständige optische Überwachung sichergestellt und sofort ein Arzt hinzugezogen wird (OLG Köln in: R&P 1993, 81). Die ständige optische Überwachung ist auch im Rahmen einer Fixierung nach öffentlichem Unterbringungsrecht gesetzlich vorgeschrieben (siehe z. B. § 20 NRWPsychKG).

Schwierig ← **Schadensersatzansprüche bei Medikamentenbehandlung**

zu beurteilen sind Schadensersatzansprüche wegen der Spätfolgen einer Medikamentenbehandlung, insbesondere von Spätdyskinesien als Folge einer Behandlung mit Neuroleptika. Hier ist zunächst zu klären, ob die Behandlung hinsichtlich Indikation und Dosierung den fachlichen Standards entspricht. Selbst wenn dies der Fall ist, kommt eine Haftung in Betracht, wenn der Betroffene nicht ausreichend über die möglichen Nebenwirkungen aufgeklärt worden ist und damit keine wirksame Einwilligung in die Behandlung erklären konnte. → Aufklärungspflicht, Seite 50

Die Haftung gegenüber Dritten stellt sich ← **Aufsichtspflichtverletzung** in erster Linie im Rahmen der Aufsichtspflichtverletzung nach § 832 BGB und damit im Bereich der Kinder- und Jugendpsychiatrie. Die Aufsichtspflicht wird in diesem Fall nach § 832 Abs. 2 BGB von den sorgeberechtigten Personen (Eltern) auf den Träger der Einrichtung übertragen. Gerade bei verhaltensauffälligen und psychisch kranken Kindern und Jugendlichen kann es zur Aufsichtspflicht gehören, zu verhindern, dass diese Dritten Schaden zufügen. Dabei sind das individuelle Krankheitsbild, pädagogische und therapeutische Erfolge sowie die Förderung der Selbstständigkeit gerade älterer Jugendlicher zu berücksichtigen. Im Einzelfall kann es aber auch bei der Unterbringung in einer offenen Station der Kinder- und Jugendpsychiatrie erforderlich sein, das Freizeitverhalten der Patienten zu überwachen, wenn es Anhaltspunkte für schädigendes oder deliktisches Verhalten in der Vorgeschichte gibt (BGH in: NJW 1985, 677).

Haftung von Betreuern

Der rechtliche Betreuer hat in der Regel keine Aufsichtspflicht im Sinn des § 832 BGB, es sei denn, ihm sind alle Angelegenheiten oder die Aufsichtspflicht ausdrücklich als Aufgabenkreis übertragen. Gegenüber dem Betreuten besteht aber die Haftung gemäß §§ 1908 i, 1833 BGB wegen schuldhafter Pflichtverletzung im Rahmen der übernommenen Aufgabenkreise.

MERKE → **Für alle beteiligten Berufsgruppen ist es wichtig, im Zweifel darlegen zu können, dass das berufliche Handeln in Übereinstimmung mit den fachlichen Standards der jeweiligen Berufsgruppe stand. Hierbei kann eine sorgfältige Dokumentation hilfreich sein.**

Dabei kommt es im Ergebnis darauf an, dass im Konfliktfall eine fachlich begründete und nachvollziehbare Entscheidung getroffen wurde. Bei schwierigen Entscheidungen kann es sinnvoll sein, Mitarbeiter anderer Berufsgruppen hinzuzuziehen oder eine Entscheidung im Team zu treffen, d. h. die fachliche Verantwortung auf mehrere Schultern zu verteilen. Bei einer begründeten fachlichen Entscheidung wird es kaum zur Annahme einer Verletzung von Sorgfaltspflichten kommen, selbst wenn dem Betroffenen oder Dritten Schäden entstehen.

Der Umgang mit psychiatrischen Krisen

Krisenintervention ist eine zentrale Aufgabe der psychiatrischen Versorgung. Allerdings sind die rechtlichen Rahmenbedingungen unübersichtlich. Eine Vielzahl von Institutionen und Kostenträgern kommt für die Gewährleistung der psychiatrischen Notfallversorgung und Krisenintervention in Betracht. Es fehlt aber an einer klaren gesetzlichen Grundlage und Finanzierung für Kriseninterventionsdienste. Rechtlich berührt sind insbesondere das Sozialrecht und das öffentliche Gesundheitsrecht, aber auch das Polizeirecht. In besonderem Maß geht es um die Frage, inwieweit Hilfen freiwillig angenommen werden und unter welchen Voraussetzungen bzw. ab welcher Grenze die Anwendung von Zwang legitimiert sein kann. Im Hintergrund steht immer die Frage der Unterbringung nach den jeweiligen Unterbringungsgesetzen bzw. PsychKGs der Bundesländer. Die Gewährleistung einer effektiven Krisenintervention hängt dabei sehr stark von der institutionellen Umsetzung vor Ort ab. Hier gibt es erhebliche regionale Unterschiede. Die folgende Darstellung beginnt mit den freiwilligen Hilfeangeboten im Fall einer psychiatrischen Krise und beschreibt danach, unter welchen Voraussetzungen in akuten Krisensituationen ausnahmsweise Zwangsmaßnahmen zulässig sein können. Die Bestellung eines rechtlichen Betreuers kommt zwar auch bei vorübergehenden psychischen Erkrankungen in Betracht, stellt aber eher auf einen längerfristigen Handlungsbedarf und damit chronisch psychisch kranke Menschen ab. → Bestellung eines Betreuers, Seite 79

Psychiatrische Notfallversorgung

Die Sicherstellung der ärztlichen Notfallversorgung ist zunächst eine Aufgabe der Ärztekammern sowie der Kassenärztlichen Vereinigungen und dient der Gewährleistung der ärztlichen Versorgung in den sprechstundenfreien Zeiten (§75 Abs. 1 Satz 2 SGB V). Um nicht nur die in der gesetzlichen Krankenversicherung Versicherten zu erreichen, wird der Notfalldienst in der Regel gemeinsam von Ärztekammern und Kassenärztlichen Vereinigungen organisiert. Die Teilnahme am Notfalldienst gehört zu den ärztlichen Berufspflichten. Der Sicherstellungsauftrag umfasst auch den ärztlichen Einsatz im Rettungsdienst. Die Notfallversorgung muss ausreichend sein. Dies bedeutet nicht zwingend, dass auch ein fachärztlicher, insbesondere psychiatrischer Notfalldienst vorgehalten werden muss. Dies liegt im Ermessen der Kassenärztlichen Vereinigungen. Ein Rechtsanspruch eines psychiatrischen Notfall- oder Krisendienstes auf Finanzierung durch die gesetzliche Krankenversicherung besteht nach ganz überwiegender Auffassung nicht. Allerdings sind in Großstädten in aller Regel psychiatrische Notfalldienste eingerichtet oder in die psychiatrische Krisenintervention integriert. Ist dies nicht der Fall, findet die Notfallversorgung außerhalb der psychiatrischen Versorgung statt. Insbesondere im ländlichen Raum kommt es immer wieder vor, dass bei psychiatrischen Krisen nicht entsprechend ausgebildete Ärzte den Notfalleinsatz wahrnehmen und die Risiken eventuell falsch einschätzen (siehe als anschauliches Beispiel OLG Hamm in: R&P 1991, 185). Zu den Pflichten des Notarztes gehört es aber, ggf. andere Fachärzte hinzuzuziehen oder eine Krankenhauseinweisung zu veranlassen.

Die psychiatrische Versorgung in Krisen gehört unabhängig von den Regeln über den Notfalldienst zu den Aufgaben der behandelnden Ärzte und Therapeuten. Insoweit besteht eine Garantenstellung.

→ **Garantenstellung, Seite 59**

Es kann für den behandelnden Psychiater im Einzelfall eine Verpflichtung zum Hausbesuch bestehen, wenn sich anders Gefahren für den Betroffenen nicht abwenden lassen. Allerdings wird davon in der Praxis kaum Gebrauch gemacht, sondern auf die Inanspruchnahme des Notfalldienstes verwiesen oder ggf. eine Krankenhauseinweisung nach dem PsychKG veranlasst. Maßnahmen der Krisenintervention können im System der gesetzlichen Krankenversicherung auch im Rahmen der psychiatrischen Krankenpflege, der Ergotherapie oder durch Institutsambulanzen erbracht werden. Alle genannten Angebote der Notfallversorgung und der Krisenintervention setzen die Kooperationsbereitschaft des Betroffenen voraus und können nur mit dessen Einverständnis erbracht werden.

Aufgaben des Öffentlichen Gesundheitsdienstes und der Polizei

Die Beratung psychisch kranker Menschen gehört zu den Aufgaben der Gesundheitsämter nach den Ländergesetzen über den Öffentlichen Gesundheitsdienst (ÖGD). Sie richtet sich vor allem an Betroffene, die von anderen Betreuungsangeboten nicht erreicht werden. In der Regel sind die Aufgaben der Gesundheitsämter den Sozialpsychiatrischen Diensten im Rahmen der Regelungen der Psychisch-Kranken-Gesetze zugewiesen. Dies gilt aber nicht für die Bundesländer, die über kein PsychKG verfügen. Inhalt, Umfang und Qualität dieser Beratungsangebote hängt von der Organisation vor Ort ab. Die Tätigkeit der Gesundheitsämter ist präventiv orientiert und dient in erster Linie der Vermittlung in andere Beratungs- und Hilfeeinrichtungen. Eine Behandlungsbefugnis besteht nicht bzw. kann sich nur in Ausnahmesituationen ergeben. Eine spezifische Rechtsgrundlage für die Krisenintervention ist in den beratungsorientierten Regelungen nicht zu sehen. Allerdings können sich auch die Gesundheitsämter im Rahmen ihrer Aufgaben an der Organisation von Krisendiensten beteiligen.

Nach den Polizeigesetzen aller Bundesländer kann die Polizei Personen in Gewahrsam nehmen, wenn dies zum Schutz für Leib oder Leben erforderlich ist, insbesondere weil sie sich erkennbar in einem die freie Willensbestimmung ausschließenden Zustand oder sonst in hilfloser Lage befinden. Damit kann der polizeiliche Gewahrsam auch der Verhinderung von Suiziden dienen. Dabei kann im Polizeirecht in typisierender und generalisierender Weise davon ausgegangen werden, dass sich eine Person bei Einleitung von Suizidhandlungen in einem psychischen Ausnahmezustand befindet. Bei psychisch kranken Menschen sind aber vorrangig die Regelungen der Psychisch-Kranken-Gesetze bzw. Unterbringungsgesetze der Bundesländer zu beachten. Durch die demnach zuständigen Instanzen ist dann zu klären, ob eine psychische Krankheit vorliegt, die eine Unterbringung rechtfertigen kann. → **Unterbringung nach PsychKG, Seite 71**

Hilfen und Maßnahmen nach PsychKG

Alle Bundesländer außer Baden-Württemberg, Bayern, Hessen und Saarland verfügen über ein Psychisch-Kranken-Gesetz, wobei die genaue Bezeichnung der Gesetze zwischen den Bundesländern etwas differiert. Allen PsychKGs ist gemeinsam, dass sie einer Unterbringung vor- und nachgehende Hilfen sowie der Unterbringung vorausgehende Maßnahmen regeln. Diese dienen unterschiedlichen Zwecken. Während die Hilfen der Vermeidung bzw. Verkürzung der Unterbringung dienen und immer Freiwilligkeit voraussetzen, stehen die Maßnahmen in unmittelbarem Zusammenhang mit der Unterbringung. Sie haben die Aufgabe, im Vorfeld der Unterbringung deren Voraussetzungen zu klären und den Betroffenen aufzufordern, durch freiwillige Maßnahmen die drohende Unterbringung abzuwenden. Insoweit kommen auch Zwangsmaßnahmen in Betracht.

Vorsorgende Hilfen sollen dazu beitragen, dass psychische Krankheiten und Krisen früh erkannt und behandelt werden. Dies kann durch psychosoziale Beratung und Betreuung bis hin zu aufsuchenden Hilfen (Hausbesuch) geschehen. Dazu gehört auch die Krisenintervention mit dem Ziel, stationäre Behandlungen zu vermeiden, wobei die Hilfen aber nicht immer rund um die Uhr angeboten werden. Im günstigsten Fall umfasst das Hilfeangebot eine 24-stündige Erreichbarkeit, einen mobilen Dienst, der auch die aufsuchende Hilfe gewährleistet, sowie die Vorhaltung von Krisenbetten. Die Aufgabe der psychiatrischen Notfallversorgung durch Kriseninterventionszentren ist ausdrücklich nur in § 4 Abs. 2 des Berliner PsychKG erwähnt. Nachsorgende Hilfen dienen der Vorbereitung der Entlassung aus der Unterbringung und der Vermeidung von Wiederaufnahmen. Hier bestehen Überschneidungen mit den Aufgaben der sozialrechtlichen Rehabilitation. → Grundzüge des Rehabilitationsrechts, Seite 113

Grundsätzlich ist von einer Sicherstellungspflicht der zuständigen Träger hinsichtlich der vor- und nachgehenden Hilfen auszugehen. Damit korrespondiert aber kein Rechtsanspruch der Betroffenen auf Gewährung der Hilfen. Dieser lässt sich nur mittelbar aus dem Subsidiaritätsprinzip ableiten, wonach alle einer Unterbringung vorrangigen Hilfen auszuschöpfen sind, um den mit der Unterbringung verbundenen Grundrechtseingriff zu vermeiden. Sicherstellung der Hilfen bedeutet nicht in jedem Fall, dass die Hilfen durch den Träger selbst zu erbringen sind. Vielmehr geht es zunächst um die Vermittlung der notwendigen Hilfen und der Behandlung durch Dritte, insbesondere die niedergelassenen Ärzte, sowie die Koordination der Hilfen im Gemeindepsychiatrischen Verbund.

Die vor- und nachsorgenden Hilfen werden nach den Regelungen der meisten Bundesländer durch Sozialpsychiatrische Dienste erbracht, die in der Regel unter Leitung eines Arztes für Psychiatrie oder eines in der Psychiatrie erfahrenen Arztes stehen sowie rechtlich und organisatorisch an die Gesundheitsämter angegliedert sind. Eine Behandlung ist durch das Gesundheitsamt oder den Sozialpsychiatrischen Dienst nur zulässig, wenn und solange eine Behandlung des Betroffenen durch einen niedergelassenen Psychiater nicht gewährleistet ist (so ausdrücklich § 11 Abs. 2 Satz 2 NdsPsychKG und § 6 Abs. 2 Satz 2 SachsPsychKG). Dies gilt nicht für Baden-Württemberg und Bayern, wo sich die Sozialpsychiatrischen Dienste in freier Trägerschaft befinden und in der Regel keine Arztstellen haben.

Anders als die Hilfen können die der Unterbringung vorausgehenden Maßnahmen gegebenenfalls auch zwangsweise durchgesetzt werden. Als idealtypisch gilt das in § 5 des Thüringer PsychKG geregelte Stufenmodell zur Vermeidung einer drohenden Unterbringung. Danach kann der Betroffene vom Sozialpsychiatrischen Dienst zunächst vorgeladen oder ihm ein Hausbesuch angeboten werden. Der Betroffene hat die Möglichkeit, sich stattdessen freiwillig in Behandlung zu begeben und dies mitzuteilen, um weitere Maßnahmen abzuwenden. Unternimmt der Betroffene nichts, soll ein Hausbesuch durchgeführt werden, der noch mit keinen Zwangsbefugnissen verbunden ist. Reagiert der Betroffene nicht oder führt der Hausbesuch zu keinen Ergebnissen, sind Zwangsmaßnahmen in Form der Zwangsvorführung und Zwangsuntersuchung nach vorheriger Androhung möglich. Dies beinhaltet auch den gewaltsamen Zutritt zur Wohnung, wenn erkennbar ist, dass der Betroffene sich oder andere krankheitsbedingt gefährdet.

Im Rahmen der nachgehenden Hilfen sowie der Maßnahmen können gesetzliche Pflichten von Ärzten bestehen, die zuständigen Behörden über die Aufnahme oder den Ablauf der Behandlung zu unterrichten (z. B. § 29 Abs. 3 NRWPsychKG). Dabei kann es sich um eine Befugnis zur Durchbrechung der Schweigepflicht handeln. → Schweigepflicht, Seite 38

Die in den PsychKGs geregelten Hilfen und Maßnahmen sind unter dem Aspekt der Ausweitung der sozialen Kontrolle zwiespältig zu beurteilen. Es ist empirisch belegt, dass in Bundesländern mit Einführung der PsychKGs und der Etablierung einer flächendeckenden gemeindepsychiatrischen Versorgung die Unterbringungszahlen entgegen den Erwartungen und gesetzlichen Vorgaben nicht gesunken, sondern gestiegen sind. Dies wird damit erklärt, dass durch den Ausbau der sozialpsychiatrischen Versorgung Personen erreicht werden, die bisher keinen Zugang zum psychiatrischen Versorgungssystem hatten.

Unterbringung nach PsychKG / Unterbringungsgesetz

Alle Psychisch-Kranken-Gesetze bzw. Unterbringungsgesetze der Bundesländer regeln die Voraussetzungen der Unterbringung in einem psychiatrischen Krankenhaus in akuten Gefahrensituationen. Traditionell wurde die Unterbringung psychisch kranker Menschen als Maßnahme des Polizeirechts verstanden, die eng mit dem Begriff der öffentlichen Sicherheit und Ordnung verbunden war. Dieser Begriff findet sich heute nur noch in dem eher polizeirechtlich orientierten Bayerischen Unterbringungsgesetz. Alle anderen Bundesländer, insbesondere die seit 1969 erlassenen Psychisch-Kranken-Gesetze, verzichten auf den Begriff der öffentlichen Sicherheit und Ordnung. Durch die Einbeziehung der einer Unterbringung vorausgehenden Hilfen und Maßnahmen wurde die Unterbringung Teil einer Gesamtregelung für psychisch kranke Menschen im Sinne eines Gesundheitsstrukturrechts.

MERKE → **Unterbringung ist ein Instrument der Krisenintervention in einem Gesamtkonzept psychiatrischer Hilfen und Maßnahmen. Da es sich um einen massiven Grundrechtseingriff handelt, ist die Unterbringung durch entsprechende Behandlungsmaßnahmen auf die kürzest mögliche Zeit zu begrenzen.**

Eine so verstandene Unterbringung ist nicht mehr dem Polizeirecht, sondern dem Gesundheitsrecht zuzuordnen. Auch für das Gesundheitsrecht besteht die Gesetzgebungskompetenz der Bundesländer, so dass sich nichts daran ändert, dass in jedem Bundesland ein eigenes PsychKG oder Unterbringungsgesetz besteht.

In den Bundesländern, die kein PsychKG erlassen haben, fehlen Regelungen über die vor- und nachgehenden Hilfen sowie die Maßnahmen. Insoweit wird auf die Hilfen des Sozialgesetzbuches verwiesen, um dem Subsidiaritätsprinzip Rechnung zu tragen. Auch in den Ländern mit einem Unterbringungsgesetz kann eine Unterbringung nur in Betracht kommen, wenn alle denkbaren Hilfen ausgeschöpft sind, die ohne Grundrechtseingriff auskommen. Das gebietet bereits der Grundsatz der Verhältnismäßigkeit.

In allen Bundesländern enthalten die **⟵ Vollzug der Unterbringung** PsychKGs oder Unterbringungsgesetze weiterhin Regelungen über den Vollzug der Unterbringung (Zwangsbehandlung, besondere Sicherungsmaßnahmen, Vollzugslockerungen) sowie über die sofortige behördliche oder polizeiliche Unterbringung. Das gerichtliche Unterbringungsverfahren ist dagegen bundeseinheitlich in §§ 70 ff. FGG geregelt.

Die Unterbringung in einem psychiatrischen **⟵ Offene Unterbringung** Krankenhaus muss nicht zwangsläufig auf einer geschlossenen Station erfolgen. Zwar werden in den PsychKGs und Unterbringungsgesetzen der Bundesländer die Einrichtungen, in denen die Unterbringung erfolgt, festgelegt. Aber fast alle Gesetze sehen die Möglichkeit des offenen Vollzugs oder der offenen Unterbringung vor (siehe z. B. § 36 BerlPsychKG, § 26 RhPfPsychKG). Dies bedeutet, dass eine Freiheitsentziehung nicht nur auf geschlossenen Stationen, sondern auch auf offenen Stationen durchgeführt werden kann, wenn auf andere Weise Vorkehrungen gegen Entweichungen getroffen werden. Die insoweit erforderlichen Maßnahmen (Ausgangsverbote, Überwachungen) sind im Einzelfall je nach Gefährdungssituation festzulegen. Der Vorteil der Unterbringung auf offenen Stationen besteht in der Möglichkeit der gemeinsamen Behandlung von freiwilligen und untergebrachten Patienten, was sich positiv auf das therapeutische Klima der Einrichtung auswirkt und eine weitergehende Etikettierung der untergebrachten Patienten vermeidet.

Die Voraussetzungen einer Unterbringung sind mehrstufig geregelt. Neben dem Vorliegen einer psychischen Krankheit ist Voraussetzung die erhebliche gegenwärtige Gefahr für den Betroffenen selbst oder die Rechtsgüter anderer (Selbst- oder Fremdgefahr). Im Einzelnen unterscheiden sich die Formulierungen der Gesetze, wobei hinsichtlich der Fremdgefahr teilweise von der Gefährdung besonders bedeutender Rechtsgüter Dritter gesprochen wird (z. B. § 8 Abs. 1 BerlPsychKG). Weitere Voraussetzung für eine Unterbringung ist, dass der Betroffene aufgrund seiner psychischen Krankheit seinen Willen nicht frei bestimmen kann. Die Unterbringung einer Person, die ihren Willen frei bestimmen kann und ihre Grundrechte freiverantwortlich ausüben kann, ist unzulässig. Dies führt insbesondere dazu, dass bei suchtkranken Menschen eine Unterbringung nur im Ausnahmefall in Betracht kommt.

Eine erhebliche gegenwärtige (konkrete) Gefahr liegt vor, wenn mit der Rechtsgütergefährdung jederzeit mit hoher Wahrscheinlichkeit gerechnet werden muss. Nach der Formulierung der meisten PsychKGs liegt eine gegenwärtige Gefahr im Sinn des Unterbringungsrechts auch dann vor, wenn sich die Krankheit so auswirkt, dass ein schadenstiftendes Ereignis unmittelbar bevorsteht oder sein Eintritt zwar unvorhersehbar, wegen besonderer Umstände jedoch jederzeit zu erwarten ist (z. B. § 11 Abs. 2 NRWPsychKG). Diese Formulierung ist problematisch, weil impliziert wird, dass mit dem Vorliegen einer psychischen Krankheit grundsätzlich eine Gefahr verbunden ist. Zwar kann aufgrund der vorliegenden Erkenntnisse zur Gefährlichkeit psychisch kranker Menschen bei bestimmten Krankheitsbildern ein erhöhtes Risiko der Selbst- oder Fremdgefährdung bestehen. Erforderlich ist aber eine einzelfallbezogene Prognoseentscheidung. Es ist immer zu prüfen, aufgrund welcher zusätzlichen Umstände aus der Vorgeschichte, aus der aktuellen Befindlichkeit sowie aus der sozialen Situation des Betroffenen von ihm zum gegenwärtigen Zeitpunkt eine Gefahr ausgeht. Dies kann z. B. der Fall sein bei Drohungen mit Suizid oder Gewalttaten, soweit diese ernstlich sind, oder bei einem krankheitsbedingten Verlust der Handlungskontrolle unter Hinzutreten einer sozialen Isolation und fehlenden Kontrollmöglichkeiten Dritter. Dabei können die psychische Krankheit selbst und ein früheres (gefährliches) Verhalten Indizien für eine Gefährlichkeit im Rahmen einer Gesamtwürdigung der aktuellen Situation des Betroffenen sein. Dies gilt auch für die Beurteilung der Suizidalität.

⟵ **Gefahrbegriff**

→ **Rechtliche Pflichten zur Abwendung eines Suizids, Seite 61**

Neben der Suizidgefahr kommt als Unterbringungsgrund die Gefährdung der eigenen Gesundheit in Betracht. Auch insoweit muss es sich um eine erhebliche oder ernstliche Gefahr für die Gesundheit handeln. Dafür genügt die Verweigerung einer ärztlichen, insbesondere psychiatrischen Behandlung oder die Verweigerung der Einnahme für notwendig erachteter Medikamente nicht. In den meisten PsychKGs ist ausdrücklich niedergelegt, dass die fehlende Bereitschaft, sich behandeln zu lassen, eine Unterbringung nicht rechtfertigt (z.B. §11 Abs.1 NRWPsychKG). Insbesondere darf die Unterbringung nicht zur Erzwingung einer nicht vorhandenen Krankheitseinsicht oder Behandlungsbereitschaft benutzt werden. Die Nichtbehandlung muss vielmehr zu einer Lebensgefahr oder einer dauernden Behandlungsbedürftigkeit im Sinn einer Chronifizierung führen. Dies kann auch bei einer akuten Alkoholintoxikation oder in Verbindung mit einem Alkoholdelirium der Fall sein. Eine Gefahr für das eigene Vermögen rechtfertigt keine Unterbringung. Ggf. ist ein Betreuer zu bestellen und ein Einwilligungsvorbehalt anzuordnen. **Betreuerbestellung, Seite 79; Einwilligungsvorbehalt, Seite 30**

Selbstgefährdung

Im Bereich der Fremdgefährdung kommen in erster Linie Gefahren für Leben und Gesundheit Dritter als Unterbringungsgrund in Betracht. Gefahren für Sachgüter können nur ausnahmsweise eine Unterbringung rechtfertigen. Belästigungen und querulatorische Verhaltensweisen psychisch kranker Menschen reichen wegen der Schwere des Grundrechtseingriffs für eine Unterbringung nicht aus.

Fremdgefährdung

Unterbringungsverfahren

Das Verfahren der Unterbringung ist zum Teil in den PsychKGs bzw. Unterbringungsgesetzen der Bundesländer, zum Teil bundeseinheitlich in den §§70 ff. FGG geregelt. Dabei ist zu berücksichtigen, dass es je nach Gefahrensituation und damit Dringlichkeit der Unterbringung bzw. Krisenintervention unterschiedliche Vorgehensweisen gibt. Neben dem Regelverfahren der Unterbringung gibt es auch eine vorläufige gerichtliche Unterbringung durch einstweilige Anordnung sowie die sofortige (behördliche oder polizeiliche) Unterbringung, wenn eine gerichtliche Entscheidung nicht abgewartet werden kann. In der Praxis findet der ganz überwiegende Teil der Unterbringungen als sofortige Unterbringung und nicht im Rahmen des Regelverfahrens statt.

Voraussetzung für die Unterbringung im Regelverfahren ist zunächst ein Antrag der zuständigen Ordnungsbehörde des Landkreises oder der kreisfreien Stadt, in deren Bezirk der Betroffene seinen gewöhnlichen Aufenthalt hat oder bei Gefahr im Verzug das Bedürfnis für die Unterbringung hervortritt. Dem Antrag ist in der Regel ein ärztliches Zeugnis oder Gutachten beizufügen, das auf einer nur kurz (üblicherweise drei Tage) zurückliegenden Untersuchung des Betroffenen beruhen muss. Die Erkenntnisse, die einen Antrag auf Unterbringung begründen können, sind von Amts wegen zu ermitteln und werden im Rahmen der vorausgehenden Maßnahmen erhoben. In den Bundesländern gibt es unterschiedliche Regelungen zu den Aufgaben der einzelnen Behörden im Unterbringungsverfahren. Überwiegend wird zwischen der Zuständigkeit für die Hilfen und Maßnahmen (Gesundheitsbehörde / Sozialpsychiatrischer Dienst) einerseits und die Beantragung der Unterbringung (Ordnungsbehörde) andererseits unterschieden. Teilweise liegen aber auch beide Aufgaben bei den Sozialpsychiatrischen Diensten (z. B. §§ 4, 5, 7 ThürPsychKG). Damit wird eine Spaltung in »gute« und »schlechte« Akteure der psychiatrischen Versorgung vermieden. Aus den verschiedenen Aufgabenzuweisungen können sich daher im Einzelfall unterschiedliche Handlungsanforderungen für die Mitarbeiter der Einrichtungen ergeben.

Über den Antrag auf Unterbringung entscheidet das Vormundschaftsgericht im Rahmen des in den §§ 70 ff. FGG geregelten Verfahrens, das insbesondere die Bestellung eines Verfahrenspflegers, die vorherige Anhörung des Betroffenen sowie die Einholung eines psychiatrischen Sachverständigengutachtens erfordert.

Das Vormundschaftsgericht kann eine vorläufige Unterbringung durch einstweilige Anordnung verfügen, wenn dringende Gründe für das Vorliegen der Unterbringungsvoraussetzungen sprechen und mit dem Aufschub Gefahr verbunden wäre (§ 70 h in Verbindung mit § 69 f FGG). Nach der Rechtsprechung des Bundesverfassungsgerichts ist aber auch in diesen Fällen die vorherige mündliche Anhörung des Betroffenen zur Gewährung des rechtlichen Gehörs erforderlich.
Für noch dringendere Fälle sehen alle PsychKGs bzw. Unterbringungsgesetze der Bundesländer die Möglichkeit einer sofortigen oder vorläufigen behördlichen Unterbringung vor (z. B. § 14 NRWPsychKG und § 18 NdsPsychKG). Dieser sofortigen Unterbringung muss in der Regel ein ärztliches Zeugnis zugrunde liegen, dessen Befunde frühestens am Vortag erhoben wurden. Außerdem ist Voraussetzung, dass eine gerichtliche Entscheidung auch im Wege der einstweiligen Anordnung nicht rechtzeitig herbeigeführt werden kann. Dies hat zur Folge, dass insbesondere die persönliche Anhörung des Betroffenen erst stattfindet, wenn er sich bereits im psychiatrischen Krankenhaus befindet. Häufig wurde zu diesem Zeitpunkt bereits mit der Behandlung begonnen, so dass sich der Vormundschaftsrichter keinen Eindruck von dem ursprünglichen Zustand des Betroffenen und der zugrunde liegenden Gefahrensituation verschaffen kann.
In Bayern und Sachsen besteht noch weitergehend die Möglichkeit, dass die Polizei in unaufschiebbaren Fällen die Betroffenen unmittelbar in das psychiatrische Krankenhaus bringt und auch die zuständige Behörde erst nachträglich verständigt wird (§ 10 Abs. 2 BayUG; § 18 Abs. 3 SachsPsychKG). In den vorgenannten Fällen ist nach den Regelungen der meisten Bundesländer spätestens bis zum Ende des auf die Einlieferung folgenden Tages eine gerichtliche Unterbringungsentscheidung herbeizuführen. Anderenfalls ist der Betroffene zu entlassen.
Teilweise ist nur geregelt, dass unverzüglich eine gerichtliche Entscheidung zu beantragen ist. Es besteht auch die Möglichkeit, dass der Betroffene freiwillig in stationärer Behandlung bleibt.

Aus empirischen Untersuchungen ergibt sich eine regional sehr unterschiedliche Unterbringungspraxis. Entsprechend unterschiedlich hoch sind die Unterbringungszahlen. Dies betrifft nicht nur verschiedene Bundesländer, sondern auch verschiedene Landkreise und Städte eines Bundeslandes (CREFELD 2005). Dies hängt weniger von den gesetzlichen Regelungen als von der Organisation der Unterbringung vor Ort ab. Allerdings wird das Regelverfahren der Unterbringung nur selten durchgeführt. Teilweise sind bis zu 100% der Unterbringungen sofortige Unterbringungen ohne vorherige Einschaltung des Vormundschaftsgerichts.

Unterbringung in der Kinder- und Jugendpsychiatrie

Die Unterbringung von Minderjährigen in der Kinder- und Jugendpsychiatrie ist wegen des schweren Grundrechtseingriffs nur in engen Grenzen zulässig und sollte auf kurzzeitige Kriseninterventionen beschränkt werden. Als Rechtsgrundlagen kommen §1631b BGB oder die PsychKGs und Unterbringungsgesetze der Bundesländer in Betracht. Nach §1631b BGB bedarf die Unterbringung eines Kindes durch die Sorgeberechtigten (in der Regel die Eltern) der Genehmigung durch das Familiengericht. Sie ist nur zum Wohl des Kindes zulässig. Als Unterbringungsgründe kommen anders als im Betreuungsrecht sowohl eine Selbst- als auch eine Fremdgefährdung in Betracht.
Die Behandlung in der Kinder- und Jugendpsychiatrie folgt den allgemeinen Regeln. Danach ist für die Einwilligung auf die Einwilligungsfähigkeit des Minderjährigen abzustellen. Diese ist unabhängig von der Geschäftsfähigkeit und starren Altersgrenzen im Einzelfall zu beurteilen. Ist der Minderjährige nicht einwilligungsfähig, entscheiden die Eltern als gesetzliche Vertreter (§ 1629 Abs. 1 BGB). Eine Zwangsbehandlung Minderjähriger ist nur in den engen Grenzen zulässig, die der BGH für die Zwangsbe-

handlung von unter Betreuung stehenden Menschen aufgestellt hat (vgl. Hoffmann in: R&P 2007, 173 ff.).

→ **Zwangsbehandlung, Seite 53**

Das Verfahren richtet sich nach den §§ 70 ff. FGG.

→ **Unterbringungsverfahren, Seite 75**

Der Umgang mit chronisch psychisch kranken Menschen

Viele psychisch kranke Menschen bedürfen längerfristiger Unterstützung und Hilfe unabhängig davon, ob sie in Einrichtungen, in der Familie oder selbstständig in einer eigenen Wohnung leben. Soweit Betroffene nicht selbst für sich handeln können, kommt die Bestellung eines rechtlichen Betreuers in Betracht, um die krankheitsbedingten Handlungsdefizite auszugleichen und die Interessen des Betroffenen in den jeweiligen Lebensbereichen sicherzustellen. Aber auch im Rahmen des Betreuungsrechts geht es nicht nur um Hilfe, sondern um Zwang dann, wenn die Betroffenen mit der Bestellung eines rechtlichen Betreuers oder dessen Entscheidungen nicht einverstanden sind.

Das Heimrecht dient dem Schutz der Interessen von Bewohnern stationärer Einrichtungen und anderer betreuter Wohnformen. Das Schwerbehindertenrecht dient dem Schutz schwerbehinderter Menschen vor allem im Arbeitsleben.

Bestellung eines rechtlichen Betreuers

Die Bestellung eines rechtlichen Betreuers setzt neben dem Vorliegen einer psychischen Krankheit oder geistigen oder seelischen Behinderung voraus, dass der volljährige Betroffene krankheitsbedingt seine Angelegenheiten ganz oder teilweise nicht besorgen kann und deswegen für bestimmte Aufgabenkreise der gesetzlichen Vertretung durch einen rechtlichen Betreuer bedarf (§ 1896 BGB).

Das Nebeneinander der Begriffe psychische Krankheit und seelische Behinderung zeigt, dass es für die Betreuerbestellung nicht notwendigerweise auf

eine länger dauernde seelische Behinderung ankommt, sondern dass auch kurzfristige oder vorübergehende psychische Krankheiten eine Betreuerbestellung rechtfertigen können, soweit die übrigen Voraussetzungen vorliegen. In der Regel ist bei einer Betreuerbestellung im psychiatrischen Bereich aber von einem längerfristigen Handlungsbedarf auszugehen.
Gegen den freien Willen des Betroffenen darf ein Betreuer nicht bestellt werden (§1896 Abs. 1a BGB). Diese durch den Gesetzgeber nachträglich in das Gesetz eingefügte Voraussetzung entspricht der bereits zuvor geltenden Rechtsprechung.

MERKE → **Die Bestellung eines Betreuers kommt nur in Betracht, wenn und solange der damit nicht einverstandene Betroffene seinen Willen aufgrund einer psychischen Krankheit oder einer geistigen oder seelischen Behinderung nicht frei bestimmen kann.**

Dies gilt auch bei schubförmig verlaufenden Krankheiten (BayObLG in: R&P 1995, 145). Wegen des mit der Betreuerbestellung verbundenen Eingriffs in die Grundrechte, insbesondere das Selbstbestimmungsrecht des Betroffenen, entscheidet der Betroffene zunächst selbst, ob er die Bestellung eines Betreuers wünscht oder nicht. Nur bei einer krankheitsbedingten Aufhebung der freien Willensbestimmung ist die Betreuerbestellung auch gegen den freien Willen des Betroffenen im Sinn einer Zwangsbetreuung zulässig. In diesem Fall muss die Betreuung aber wieder aufgehoben werden, wenn der Betroffene seinen Willen wieder frei bestimmen kann. Der Betreuer muss die entsprechenden Umstände von sich aus dem Vormundschaftsgericht mitteilen (§1901 Abs. 5 BGB). Eine sogenannte Vorratsbetreuung ist nicht zulässig. Die Betreuung darf also nicht mit dem Argument aufrechterhalten werden, dass es bei einem erneuten Krankheitsschub sinnvoll wäre, wenn schon ein Betreuer mit entsprechendem Aufgabenkreis bestellt ist. Vielmehr ist gegebenenfalls zu prüfen, ob erneut ein Betreuer bestellt werden muss. Bei psychiatrischen Krisen genügen aber häufig Maßnahmen nach dem PsychKG oder Unterbringungsgesetz, ohne dass es zu einer Betreuerbestellung kommt.

Weiterhin ist der Erforderlichkeits- **Erforderlichkeit der Betreuung** grundsatz zu beachten. Dies bedeutet, dass eine Betreuung nur erforderlich ist, wenn die in Betracht kommenden Angelegenheiten des Betroffenen nicht durch einen Bevollmächtigten oder durch andere Hilfen, bei denen kein gesetzlicher Betreuer bestellt wird, ebenso gut wie durch einen Betreuer besorgt werden können (§ 1896 Abs. 2 Satz 2 BGB).

Vollmacht, Seite 27

Für die Beurteilung der Erforderlichkeit einer Betreuung durch Sachverständigen und Gericht kann auf das Orientierungsraster von CREFELD (1990) zurückgegriffen werden. Danach sind – bezogen auf das individuelle Behinderungsbild mit den vorliegenden funktionellen und sozialen Einschränkungen – zunächst die verbliebenen bzw. zu mobilisierenden Bewältigungsmöglichkeiten des Betroffenen sowie professionelle Hilfestellungen ohne Betreuung auszuschöpfen, bevor es zu einer Problemlösung unter Zuhilfenahme einer Betreuung kommt.
Erforderlich ist auch insoweit eine Prognoseentscheidung im Sinn einer doppelten Verlaufsprognose. Der Verlauf der Krankheit mit Betreuerbestellung ist dem Verlauf ohne Betreuerbestellung unter Ausschöpfung professioneller Hilfen gegenüberzustellen.
Der Erforderlichkeitsgrundsatz wirkt sich außer- **Aufgabenkreise** dem bei dem Umfang der Aufgabenkreise aus. Wegen des mit der Betreuerbestellung verbundenen Grundrechtseingriffs sind die dem Betreuer übertragenen Aufgabenkreise so eng wie möglich zu fassen. Besteht Handlungsbedarf bei einer psychischen Krankheit, ist der Aufgabenkreis des Betreuers auf die Gesundheitsfürsorge im psychiatrischen Bereich zu begrenzen, wenn der Betroffene nicht gleichzeitig an körperlichen Erkrankungen leidet, die er wegen seiner psychischen Krankheit nicht behandeln lässt. Soll durch die Betreuung die Unterbringung des Betroffenen in einem psychiatrischen Krankenhaus oder in einer geschlossenen Einrichtung ermöglicht werden, muss dem Betreuer der Aufgabenkreis der Aufenthaltsbestimmung oder Unterbringung übertragen sein. Im Übrigen

können die Aufgabenkreise alle Lebensbereiche betreffen (Vermögenssorge, Geltendmachung von Sozialleistungsansprüchen, Wohnungsangelegenheiten, Übersiedlung ins Heim). Soweit möglich ist eine Differenzierung vorzunehmen. Hat der Betroffene z.B. kein Vermögen, sondern lediglich Einkommen, ist der Aufgabenkreis gegebenenfalls auf die Verwaltung des Einkommens (z.B. einer Erwerbsminderungsrente oder von Arbeitslosengeld II) zu begrenzen. Die Entscheidung über den Fernmeldeverkehr und die Entgegennahme, das Öffnen und das Anhalten der Post ist wegen der Schwere des Grundrechtseingriffs nur ausnahmsweise zulässig und immer ausdrücklich als Aufgabenkreis anzuordnen (§1896 Abs. 4 BGB), selbst wenn die Betreuung im Übrigen alle Aufgabenkreise umfasst. Eine Betreuung für alle Angelegenheiten kommt wegen des damit verbundenen Wahlrechtsausschlusses nur in seltenen Ausnahmefällen in Betracht und ist im Bereich psychischer Erkrankungen kaum vorstellbar.

Auswahl des Betreuers

Als rechtliche Betreuer kommen ehrenamtlich tätig Personen oder Berufsbetreuer infrage. Zu den Berufsbetreuern gehören auch die Mitarbeiter eines Betreuungsvereins oder der Betreuungsbehörde. Nach den vorliegenden rechtstatsächlichen Untersuchungen werden ca. 70% der Betreuungen ehrenamtlich und ca. 30% der Betreuungen durch Berufsbetreuer geführt. Bei den ehrenamtlichen Betreuern handelt es sich ganz überwiegend um Personen aus der Familie oder dem sozialen Umfeld der Betroffenen. Allerdings ist der Anteil der psychisch kranken Menschen, die von Berufsbetreuern betreut werden, deutlich höher als im Durchschnitt aller Betreuten. Dies bedeutet, dass bei psychisch kranken Menschen wesentlich häufiger als bei geistig behinderten Menschen oder auch bei dementen Menschen Angehörige als Betreuer nicht in Betracht kommen oder nicht zur Verfügung stehen. Berufsbetreuer erhalten eine pauschale Vergütung, die sich nach der Dauer der Betreuung, dem Aufenthalt des Betroffenen sowie dessen Einkommens- und Vermögensverhältnissen richtet, und werden nicht für ihren tatsächlichen Zeitaufwand bezahlt (§§4 ff. VBVG).

Die Auswahl des Betreuers obliegt zwar dem Vormundschaftsgericht. Der Betroffene hat aber ein weitgehend verbindliches Vorschlagsrecht (§ 1897 Abs. 4 BGB). Für die Ausübung des Vorschlagsrechts genügt der sogenannte natürliche Wille, es sind weder Geschäftsfähigkeit noch ein besonderer Grad an Einsichtsfähigkeit erforderlich. Der Vorschlag des Betroffenen, der auch vorab schriftlich in einer Betreuungsverfügung niedergelegt sein kann, darf nur übergangen werden, wenn die als Betreuer vorgeschlagene Person ungeeignet ist. Nicht zum Betreuer bestellt werden dürfen Personen, die in einem Abhängigkeitsverhältnis oder einer engen Beziehung zu der Einrichtung stehen, in der der Betroffene untergebracht ist oder wohnt (§ 1897 Abs. 3 BGB). Es kann daher niemand Bezugstherapeut in der Einrichtung und gleichzeitig rechtlicher Betreuer sein. Konflikte im psychiatrischen Bereich können entstehen, wenn die Betroffenen Angehörige oder andere nahestehende Personen als Betreuer vorschlagen. Diese werden von dem behandelnden Psychiater als ungeeignet angesehen, weil sich die Betreuertätigkeit negativ auf die Beziehung zum Betroffenen und damit auch auf dessen Krankheitsbild auswirken würde oder Angehörigen dazu neigen würden, die Wünsche der Betroffenen bezüglich der Behandlung unreflektiert zu übernehmen. Dies gilt entsprechend für den Fall, dass die Betroffenen ihren Angehörigen eine Vorsorgevollmacht erteilt haben. Eine kritische Einstellung der Betreuer bzw. Bevollmächtigten gegenüber der gebotenen psychiatrischen Behandlung des Betroffenen rechtfertigt aber nicht ohne Weiteres die Annahme, diese Personen seien ungeeignet, die Interessen des Betroffenen wahrzunehmen (OLG Oldenburg in: R&P 2002, 102). Vielmehr haben nach § 1901 Abs. 3 BGB Betreuer und Bevollmächtigte die Wünsche des Betroffenen weitgehend zu beachten. Die Eignung fehlt nur dann, wenn aufgrund nachprüfbarer Tatsachen das Verhalten des Betreuers (oder Bevollmächtigten) zu einer gesundheitlichen Schädigung des Betroffenen führt. Im vermögensrechtlichen Bereich können Interessenkonflikte zu einer fehlenden Eignung des Betreuers führen. Ein Interessenkonflikt besteht auch, wenn Kinder und mögliche Erben des Betroffenen ihre Entscheidungen an eigenen finanziellen Interessen ausrichten und nicht an den Interessen des Betroffenen.

Betreuungsverfahren

Das Verfahren zur Bestellung eines Betreuers wird auf Antrag oder von Amts wegen eingeleitet. Zuständig ist das Vormundschaftsgericht bei dem örtlichen Amtsgericht. Dies bedeutet, dass jeder die Einleitung eines Betreuungsverfahrens bei dem Vormundschaftsgericht anregen kann. Anregungen zur Bestellung eines Betreuers kommen in der Praxis häufig von Angehörigen, aber auch von Krankenhäusern, Heimen, behandelnden Ärzten und sozialen Diensten. Bevor es allerdings durch Mitarbeiter von Einrichtungen und Diensten sowie behandelnde Ärzte und Therapeuten zu einer Betreuungsanregung kommt, ist die Frage der Berufsschweigepflicht zu prüfen, denn die Schweigepflicht gilt auch gegenüber dem Vormundschaftsgericht und der Betreuungsbehörde.

Das Betreuungsverfahren ist in §§ 65 ff. FGG geregelt. Unverzichtbare Verfahrensgarantien vor Bestellung eines Betreuers sind die persönliche Anhörung des Betroffenen in der üblichen Umgebung (§ 68 FGG) sowie die Einholung eines Sachverständigengutachtens, das auf einer persönlichen Untersuchung des Betroffenen beruhen muss (§ 68 b FGG). Auf Verlangen des Betroffenen ist bei der Anhörung einer Person seines Vertrauens die Anwesenheit zu gestatten (§ 68 a Abs. 4 Satz 2 FGG). Außerdem ist in der Regel der zuständigen Betreuungsbehörde sowie Angehörigen die Gelegenheit zur Äußerung zu geben (§ 68 a FGG). Soweit zur Wahrnehmung der Interessen des Betroffenen erforderlich, ist ihm ein Verfahrenspfleger zu bestellen (§ 67 FGG). Von der Erforderlichkeit ist bei einer Betreuerbestellung gegen den Willen des Betroffenen regelmäßig auszugehen. Der Betroffene kann stattdessen aber auch einen Rechtsanwalt mit seiner Vertretung beauftragen. In der Entscheidung über die Bestellung eines Betreuers ist neben den Aufgabenkreisen auch die Dauer der Betreuung festzulegen.

Diese ist einzelfallbezogen festzulegen und darf höchstens sieben Jahre betragen. Bei psychischen Krankheiten (abgesehen von Demenzen) ist in aller Regel von einer wesentlich kürzeren Betreuungsdauer auszugehen.

Aufgaben und Pflichten des rechtlichen Betreuers in der psychiatrischen Versorgung

Aufgabe des Betreuers ist die rechtliche Besorgung der Angelegenheiten des Betroffenen (§ 1901 Abs. 1 BGB).

⟵ **Rechtliche Besorgung**

Der Betreuer handelt grundsätzlich selbstständig und frei von Weisungen, soweit er nicht die Genehmigung des Vormundschaftsgerichts benötigt, z. B. bei einer Unterbringung oder freiheitsentziehenden Maßnahmen sowie bei gefährlichen ärztlichen Maßnahmen. Zur rechtlichen Besorgung gehört auch der erforderliche persönliche Kontakt. Daran hat sich durch die Einführung der Pauschalvergütung nichts geändert. Der rechtliche Betreuer hat die Aufgabe, die notwendige Versorgung des Betroffenen zu organisieren und sicherzustellen, nicht aber, die entsprechenden Hilfen selbst zu leisten. Im Vordergrund stehen die rechtlichen Aspekte (Einwilligung in ärztliche Behandlung bei Einwilligungsunfähigkeit des Betroffenen, Sicherstellung der Antragstellung und Mitwirkung bei der Geltendmachung sozialer Ansprüche). Gerade im Bereich der psychiatrischen Versorgung kann es zu Überschneidungen und Abgrenzungsproblemen zwischen den Aufgaben der rechtlichen Betreuung und den Aufgaben psychiatrischer Einrichtungen kommen. Soziale Betreuung ist z. B. Aufgabe aller Einrichtungen des Betreuten Wohnens im Rahmen der Eingliederungshilfe nach dem SGB XII und gehört auch zu den gesetzlichen Aufgaben von stationären Pflegeeinrichtungen nach dem SGB XI. Überschneidungen sind ebenso denkbar mit den Tätigkeitsfeldern der Soziotherapie und der psychiatrischen Krankenpflege. Die Gesundheitsämter und Sozialpsychiatrischen Dienste haben beratende und unterstützende Aufgaben im Rahmen der PsychKGs.

Zu den Aufgaben der sozialen Betreuung gehört es immer, die Betroffenen zu befähigen, ihre Angelegenheiten so weit wie möglich selbst zu regeln. In diesem Sinn gehen die sozialen Hilfen der rechtlichen Betreuung vor.
→ Erforderlichkeit der Betreuung, Seite 81

Der rechtliche Betreuer hat die Aufgabe, innerhalb seines Aufgabenkreises dazu beizutragen, alle Möglichkeiten zu nutzen, die Krankheit oder Behinderung des Betreuten zu beseitigen, zu bessern, ihre Verschlimmerung zu verhüten oder ihre Folgen zu mildern (§ 1901 Abs. 4 Satz 1 BGB). Dies deckt sich mit den Aufgaben des SGB IX. → Rehabilitation und Teilhabe, Seite 113
Bei Berufsbetreuern kann das Vormundschaftsgericht zur Erreichung der vorgenannten Ziele die Erstellung eines Betreuungsplans anordnen (§ 1901 Abs. 4 Satz 2 BGB). Es gehört damit zu den Aufgaben des Betreuers, sich unter Nutzung der Ressourcen der psychiatrischen Versorgung überflüssig zu machen und die Betreuung so früh wie möglich zu beenden.

Außenverhältnis

Der rechtliche Betreuer vertritt den Betroffenen im festgelegten Aufgabenkreis gerichtlich und außergerichtlich. Dies betrifft das sogenannte Außenverhältnis. Insoweit besteht gegenüber dem rechtlichen Betreuer auch keine Schweigepflicht.

Innenverhältnis

Im Innenverhältnis ist der Betreuer dem Wohl des Betroffenen verpflichtet und weitgehend an dessen Wünsche gebunden. Zum Wohl des Betroffenen gehört es auch, dass dieser sein Leben im Rahmen seiner Fähigkeiten nach eigenen Vorstellungen und Wünschen gestalten kann (§ 1901 Abs. 2 BGB). Wünsche des Betroffenen dürfen nur dann übergangen werden, wenn sie seinem Wohl zuwiderlaufen oder dem Betreuer nicht zuzumuten sind (§ 1901 Abs. 3 BGB). Alle wichtigen Angelegenheiten sind persönlich zu besprechen. Die Wünsche des Betroffenen müssen nicht auf einer freien Willensbestimmung beruhen. Geschützt sind auch die »verrückten« Wünsche, soweit sie sich nicht nachteilig auswirken. Dies bedeutet, dass in jedem Fall eine Güterabwägung vorzunehmen ist. Der Wunsch des Betroffenen darf nur übergangen werden, wenn das mit dem Wunsch verfolgte Ziel ein höherrangiges Rechtsgut (z. B. Gesundheit, Leben) gefährdet. So kann der Betroffene selbst entscheiden, wie mit seinem Einkommen oder Vermögen verfahren wird. Insbesondere muss das Vermögen nicht (z. B. für die Erben) aufbewahrt werden, es sei denn, der Betroffene wünscht dies ausdrücklich. Führen aber die Geldausgaben z. B. zum Verlust der Wohnung, weil die Miete nicht mehr bezahlt werden kann, kann der Betreuer zum Erhalt der Wohnung bzw. der Vermeidung von Wohnungslosigkeit die entsprechenden Wünsche übergehen.

Die Beachtlichkeit der Wünsche des Betroffenen betrifft alle denkbaren Aufgabenkreise, also auch die Aufenthaltsbestimmung und die ärztliche Behandlung. So kann der Betroffene wünschen, zu Hause zu leben statt in einer Einrichtung, in einer bestimmten Einrichtung zu leben statt in einer anderen oder mit einem bestimmten Medikament behandelt zu werden, oder der Betroffene kann eine medikamentöse Behandlung ganz ablehnen. In allen genannten Fällen ist es zunächst Aufgabe des rechtlichen Betreuers, den Willen des Betroffenen als dessen gesetzlicher Vertreter auch zur Geltung zu bringen und durchzusetzen (siehe BGH in: R&P 2003, 153). Dies gilt insbesondere auch im Rahmen der psychiatrischen Behandlung gegenüber den behandelnden Ärzten. Nur unter den oben genannten Voraussetzungen darf der Betreuer sich ausnahmsweise über den Willen des Betroffenen hinwegsetzen und z. B. die Einwilligung in eine ärztliche Behandlung erteilen. Zwangsbefugnisse sind damit aber nicht automatisch verbunden. → Zwangsbehandlung, Seite 53

Dem rechtlichen Betreuer kommt also gerade bei chronisch psychisch kranken Menschen eine wichtige gestaltende Funktion im Rahmen der psychiatrischen Versorgung und Behandlung zu. Von ihm hängt es entscheidend ab, wieweit der Wille des Betroffenen beachtet wird und wieweit dieser in die Entscheidungsprozesse einbezogen wird. Die starke rechtliche Stellung des Betreuers kann auch zu Konflikten mit anderen psychiatrisch tätigen Personen, insbesondere Ärzten führen. Eine Einwilligungsunfähigkeit des Betroffenen führt eben nicht dazu, dass die Behandlung jetzt ohne Einwilligung des Betroffenen durchgeführt werden kann, sondern nur dazu, dass ggf. der Betreuer eine stellvertretende Einwilligung erteilen kann oder auch nicht, wenn der Betroffene die Behandlung ablehnt und eine Gefahr für die Gesundheit nicht erkennbar ist. In Zweifels- oder Konfliktfällen sollten rechtliche Betreuer eine zweite psychiatrische Meinung einholen.

Genehmigung des Vormundschaftsgerichts

Für bestimmte Entscheidungen bedarf der rechtliche Betreuer zusätzlich der Genehmigung des Vormundschaftsgerichts. Dies betrifft neben der Unterbringung vermögensrechtliche Fragen (§§ 1908 i, 1810 ff. BGB), die Wohnungsauflösung (§ 1907 BGB) sowie ärztliche Maßnahmen, bei denen die begründete Gefahr besteht, dass der Betroffene stirbt oder einen schweren oder länger dauernden gesundheitlichen Schaden erleidet (§ 1904 BGB). Diese in der Praxis kaum beachtete oder teilweise bewusst ignorierte Vorschrift betrifft sowohl somatische wie psychiatrische Behandlungen.

Im Rahmen der psychiatrischen Behandlung ist die Anwendbarkeit des § 1904 BGB vor allem bei der Elektrokrampftherapie (EKT) sowie bei der Langzeitbehandlung mit Psychopharmaka umstritten. Nach der vorliegenden Rechtsprechung ist zumindest eine EKT mit bilateraler Stimulation wegen der Gefahr länger anhaltender retrograder Gedächtnisstörungen genehmigungspflichtig (LG Hamburg in: R&P 1999, 42). Bei der Langzeitbehandlung mit Neuroleptika kann wegen der Gefahr von Spätdyskinesien Genehmigungspflicht nach § 1904 BGB bestehen (LG Berlin in: R&P 1993, 39). Die Diskussion um die Frage, welche Spätfolgen bei der Vergabe von sogenannten atypischen Neuroleptika auftreten können, steht erst am Anfang. Aber auch hier kommt nach neueren Erkenntnissen eine Genehmigungspflicht nach § 1904 BGB in Betracht.

Die Entscheidung, ob eine Genehmigung des Vormundschaftsgerichts eingeholt werden muss, obliegt in erster Linie dem Betreuer. Aber auch der behandelnde Arzt hat hieran ein Interesse, da die Einwilligung des Betreuers ohne die erforderliche vormundschaftsgerichtliche Genehmigung die Behandlung nicht rechtfertigen kann. Im Bereich der Wohnungsauflösung hat der rechtliche Betreuer vor allem darauf zu achten, dass diese erst in Betracht kommt, wenn prognostisch feststeht, dass der Betroffene auf Dauer nicht mehr in seiner Wohnung leben oder in diese nach einem Krankenhausaufenthalt zurückkehren kann.

Der Betreuer hat keine Zwangsbefugnisse. Das Betreuungsrecht setzt auf den persönlichen Kontakt und Austausch zwischen Betreuer und Betreutem nach den vorstehenden Grundsätzen. Diese Beziehung sollte nach den ausdrücklichen Vorstellungen des Gesetzgebers nicht mit Zwangsbefugnissen des Betreuers belastet werden. Nur für die Zuführung zu einer vormundschaftsgerichtlich genehmigten Unterbringung darf der Betreuer die Unterstützung der Betreuungsbehörde in Anspruch nehmen, die aufgrund besonderer gerichtlicher Entscheidung unter Heranziehung polizeilicher Vollzugsorgane Gewalt anwenden darf (§ 70 g Abs. 5 FGG). Der Betreuer darf auch in diesem Fall nicht selbst Gewalt anwenden. Der Betreuer darf die Wohnung des Betroffenen nicht gegen dessen Willen oder gewaltsam betreten, selbst wenn er dies zur Erfüllung seiner Aufgaben für notwendig hält. Hierfür fehlt im Betreuungsrecht eine Rechtsgrundlage. Ein gewaltsamer Wohnungszutritt kommt daher nur auf der Grundlage der PsychKGs oder polizeirechtlicher Vorschriften in Betracht.

⟵ Zwangsbefugnisse des Betreuers

Zwangsbehandlung durch den Betreuer, Seite 53

Unterbringung und Freiheitsentziehung durch den rechtlichen Betreuer

Zu den Aufgaben des Betreuers gehört auch die Unterbringung in einem psychiatrischen Krankenhaus oder in einer geschlossenen Einrichtung, wenn ihm der diesbezügliche Aufgabenkreis (Aufenthaltsbestimmung oder Unterbringung) übertragen wurde. Die Unterbringung bedarf der vorherigen Genehmigung des Vormundschaftsgerichts. Nur bei Gefahr im Verzug kommt eine Unterbringung ohne vorherige gerichtliche Genehmigung in Betracht. Die Genehmigung ist in diesem Fall unverzüglich nachzuholen (§ 1906 Abs. 2 BGB). Gewalt darf der Betreuer in diesem Fall aber nicht anwenden. Die Unterbringungsvorschriften gelten entsprechend für einen Bevollmächtigten, soweit eine entsprechende Befugnis schriftlich niedergelegt wurde (§ 1906 Abs. 5 BGB). → Vollmacht, Seite 27

Das Unterbringungsverfahren ist wie das Verfahren der öffentlich-rechtlichen Unterbringung in den §§ 70 ff. FGG geregelt.
→ Unterbringungsverfahren, Seite 75

An die Stelle des Antrags der zuständigen Behörde tritt der Antrag des Betreuers an das Vormundschaftsgericht auf Genehmigung der Unterbringung.

← Unterbringungsgründe

Eine Unterbringung durch den Betreuer ist nur zum Wohl des Betroffenen zulässig. Daraus ergibt sich, dass eine Unterbringung durch den Betreuer im Interesse Dritter, insbesondere zur Abwehr von Gefahren für Dritte, unzulässig ist. In diesen Fällen kommt ausschließlich eine Unterbringung nach den Vorschriften des öffentlichen Unterbringungsrechts in Betracht.

Die Unterbringungsgründe sind in § 1906 Abs. 1 BGB konkretisiert. Danach ist eine Unterbringung zulässig entweder, weil die Gefahr besteht, dass der Betreute sich aufgrund seiner psychischen Krankheit oder seelischen Behinderung selbst tötet oder erheblichen gesundheitlichen Schaden zufügt (Ziff. 1), oder weil eine Untersuchung, Heilbehandlung oder ein ärztlicher Eingriff notwendig ist, der ohne Unterbringung nicht durchgeführt werden kann, soweit der Betroffene krankheitsbedingt die Notwendigkeit dieser Maßnahme nicht einsehen kann bzw. nicht nach dieser Einsicht handeln kann (Ziff. 2). Im erstgenannten Bereich der Selbstgefährdung besteht eine Überschneidung mit dem öffentlichen Unterbringungsrecht. → Unterbringung nach PsychKG / UBG, Seite 71

Soweit ein Betreuer bestellt ist und eine Unterbringung nach § 1906 Abs. 1 Nr. 1 BGB veranlasst, ist diese gegenüber der öffentlich-rechtlichen Unter-

bringung vorrangig. Im Übrigen, insbesondere bei akuten Krisen, ist die öffentlich-rechtliche Unterbringung, bei der kein Betreuer bestellt wird, vorrangig.
Bei chronisch psychisch kranken, insbesondere dementen Menschen kann eine Selbstgefährdung z. B. auch dadurch entstehen, dass diese die Nahrungsaufnahme oder die Einnahme lebenswichtiger Medikamente verweigern oder sich durch planloses Umherlaufen im Straßenverkehr gefährden. Bei suchtkranken Menschen, soweit eine Betreuung in Betracht kommt, kann eine Gefahr auch durch rauschbedingte Stürze und die damit verbundenen Verletzungen entstehen.
Im Bereich der Ziff. 2 geht es zunächst um die Sicherstellung notwendiger ärztlicher Maßnahmen bei Erkrankungen, die nicht Grundlage der Betreuerbestellung sind, die der Betroffene aber aufgrund seiner psychischen Krankheit ablehnt. Daneben geht es in engen Grenzen auch um die Behandlung der psychischen Krankheit selbst (sogenannte Anlasskrankheit). Aber auch insoweit muss nach der Rechtsprechung des Bundesverfassungsgerichts die Gefahr einer gewichtigen Gesundheitsschädigung bestehen, um den Eingriff in das Freiheitsgrundrecht zu rechtfertigen.
→ **Zwangsbehandlung durch den Betreuer, Seite 53**

Problematisch ist die zivilrechtliche Unterbringung durch den Betreuer, soweit es um die Gefahrenabwehr in akuten Krisen geht. Da der Betroffene hier in aller Regel keinen Betreuer benötigt, ist die Unterbringung in diesen Fällen entgegen der Praxis in Teilen Deutschlands ggf. nach öffentlichem Unterbringungsrecht durchzuführen. Zwar kann nach § 1846 BGB der Vormundschaftsrichter ausnahmsweise vor Bestellung eines Betreuers eine Unterbringung nach § 1906 BGB anordnen. Dies ist aber nur zulässig, wenn erkennbar ist, dass der Betroffene längerfristig auf die Unterstützung eines Betreuers angewiesen ist und für ihn daher unverzüglich zumindest ein vorläufiger Betreuer bestellt wird, der die Verantwortung für die weitere Unterbringung übernimmt (BGH in: R & P 2002, 171; BayObLG in: R & P 2001, 50).

Problematisch ist die zivilrechtliche Unterbringung durch den Betreuer aber auch dann, wenn chronisch psychisch kranke Menschen für längere Zeit in psychiatrischen Krankenhäusern oder in geschlossenen Heimen untergebracht werden. Denn auch die Unterbringung durch den Betreuer ist auf den kürzest möglichen Zeitraum zu begrenzen und umgehend zu beenden, wenn die Voraussetzungen der Unterbringung weggefallen sind (§1906 Abs. 3 BGB). Diese Verpflichtung obliegt nicht nur dem Betreuer, sondern auch der Einrichtung. Je länger die Unterbringung andauert, umso strenger sind die Voraussetzungen für die Anordnung und die Fortdauer des Freiheitsentzugs (BayObLG in: R&P 1994, 193). Bei längerfristigen Unterbringungen steht immer die Gefahr im Raum, dass zumindest teilweise Defizite im Bereich der Versorgung von chronisch psychisch kranken Menschen kompensiert werden. Auch die zivilrechtliche Unterbringung ist nur zulässig, soweit sie erforderlich ist und keine Alternativen bestehen, die ohne Freiheitsentziehung auskommen.

⟵ Freiheitsentziehende Maßnahmen

Der Unterbringung durch den Betreuer (oder Bevollmächtigten) gleichgestellt werden die freiheitsentziehenden Maßnahmen nach §1906 Abs. 4 BGB. Auch hier sind die Unterbringungsvoraussetzungen des §1906 Abs. 1 BGB zu prüfen und bedarf der Betreuer (außer bei Gefahr im Verzug) der vorherigen Genehmigung des Vormundschaftsgerichts (§1906 Abs. 2 BGB). Die Unterbringungsverfahren nach §1906 Abs. 4 BGB sind nach den vorliegenden empirischen Erkenntnissen Ursache des erheblichen Anstiegs der zivilrechtlichen Unterbringungen. Es handelt sich bei den freiheitsentziehenden Maßnahmen einerseits um Fixierungen in der Psychiatrie, andererseits um die typischen Sicherungsmaßnahmen in Heimen. Hierzu zählen mechanische Vorrichtungen (Bettgitter, Leibgurte), Medikamente oder Trickschlösser, soweit sie über einen längeren Zeitraum oder regelmäßig angewendet werden. Bei Medikamenten ist immer die Indikation zu hinterfragen. Steht die therapeutische Zielsetzung und nicht die Sedierung im Vordergrund, benötigt der Betreuer nach überwiegender Auffassung keine Genehmigung nach §1906 Abs. 4 BGB, aber ggf. nach §1904 BGB. Genehmigung des Vormundschaftsgerichts, Seite 88

Bei freiheitsentziehenden Maßnahmen während einer geschlossenen Unterbringung durch den Betreuer bedarf es entgegen dem Wortlaut des §1906 Abs. 4 BGB einer zweiten gerichtlichen Genehmigung. Der Hauptanwendungsbereich liegt aber im Bereich der offenen Einrichtungen. Hierzu zählen auch Allgemeinkrankenhäuser. Wie im Fall der Unterbringung durch den Betreuer sind freiheitsentziehende Maßnahmen zur Abwehr von Gefahren für Dritte nicht genehmigungsfähig. Auch diese sind nur im Rahmen einer öffentlich-rechtlichen Unterbringung auf der Grundlage der jeweiligen landesrechtlichen Regelungen zulässig. In akuten Gefahrensituationen kann eine Freiheitsentziehung auch nach §34 StGB gerechtfertigt sein. Dies gilt aber nur so lange, bis die erforderliche rechtliche Grundlage für die Freiheitsentziehung herbeigeführt werden kann. §34 StGB ist ein strafrechtlicher Rechtfertigungstatbestand, aber keine Rechtsgrundlage für eine Freiheitsentziehung. Dies wird teilweise in sogenannten Fixierungsrichtlinien verkannt.

Mitarbeiter von Einrichtungen sind außer in Notstandssituationen aus eigenem Recht zu keinen freiheitsentziehenden Maßnahmen befugt. Vielmehr ist immer der rechtliche Betreuer zu befragen, ob er eine freiheitsentziehende Maßnahme durchführen will. Lehnt dieser die Maßnahme (z. B. unter Verweis auf Alternativen) ab, kommt eine freiheitsentziehende Maßnahme nicht in Betracht. Stimmt dieser zu, bedarf er der vormundschaftsgerichtlichen Genehmigung, die das Vormundschaftsgericht nach Durchführung eines mit allen Verfahrengarantien ausgestatteten Unterbringungsverfahrens dann ggf. erteilt. Bei freiheitsentziehenden Maßnahmen ohne Einwilligung des Betroffenen oder seines Betreuers und der erforderlichen vormundschaftsgerichtlichen Genehmigung besteht die Gefahr der Strafbarkeit wegen Freiheitsberaubung nach §239 StGB.

Grundlagen der Haftung, Seite 57

Grundlagen des Heimrechts

Das Heimrecht befindet sich im Umbruch, weil mit der Föderalismusreform die Gesetzgebungszuständigkeit für das Heimrecht zumindest teilweise vom Bund auf die Bundesländer übertragen wurde. Das Heimrecht dient dem Schutz der Würde, der Interessen und Bedürfnisse der Bewohner von Einrichtungen vor Beeinträchtigungen und will insbesondere deren Selbstständigkeit, Selbstbestimmung und Selbstverantwortung wahren und fördern. Dem dient die Sicherstellung der Mitwirkung der Heimbewohner sowie eine dem allgemeinen Stand der fachlichen Erkenntnisse entsprechende Qualität des Wohnens und der Betreuung (§ 2 HeimG).

Traditionell versteht man unter Heimen Einrichtungen, die ältere Menschen sowie pflegebedürftige oder behinderte volljährige Menschen aufnehmen, ihnen Wohnraum überlassen sowie Betreuung und Verpflegung zur Verfügung stellen oder vorhalten und die in ihrem Bestand vom Wechsel sowie der Zahl der Bewohnerinnen und Bewohner unabhängig sind (§ 1 Abs. 1 HeimG). → Heimvertrag, Seite 49

Für die psychiatrische Versorgung ist von Bedeutung, dass durch die Neuregelungen auch Einrichtungen des Betreuten Wohnens zumindest teilweise in den Anwendungsbereich des Heimrechts einbezogen werden sollen.

Schwerbehindertenrecht

Das Schwerbehindertenrecht ist seit 2001 Teil des SGB IX (Rehabilitation und Teilhabe behinderter Menschen) und damit im Sozialgesetzbuch geregelt. Es definiert in § 2 SGB IX den für das gesamte Sozialrecht verbindlichen Begriff der Behinderung und enthält in seinem zweiten Teil besondere Regelungen für schwerbehinderte und diesen gleichgestellte Menschen (§§ 68 ff. SGB IX). Die Schwerbehinderteneigenschaft setzt einen Grad der Behinderung von wenigstens 50 voraus, die Gleichstellung einen Grad der Behinderung von wenigstens 30 (§ 2 Abs. 2 und 3 SGB IX). Die

Feststellung der Behinderung und die Ausstellung der Ausweise erfolgt auf Antrag durch die Versorgungsämter (§ 69 SGB IX).

→ **Behinderung, Seite 17; Grad der Behinderung, Seite 36**

Von besonderer Bedeutung ist der Kündigungsschutz schwerbehinderter Menschen im Arbeitsleben. Schwerbehinderte und ihnen gleichgestellte Menschen dürfen durch den Arbeitgeber nur nach vorheriger Zustimmung des Integrationsamtes gekündigt werden (§ 85 SGB IX). Im Rahmen des Zustimmungsverfahrens ist zu prüfen, durch welche Maßnahmen und ggf. begleitenden Hilfen im Arbeitsleben (§ 102 SGB IX; z. B. eine Arbeitsassistenz) der Arbeitsplatz des schwerbehinderten Menschen erhalten werden kann. An diesen Aufgaben können die Integrationsfachdienste beteiligt werden (§§ 109 ff. SGB IX; zur Schaffung behinderungsgerechter Arbeitsbedingungen in der Psychiatrischen Versorgung siehe MROZYNSKI in: R & P 2003, 171 ff.).

In der Beratung psychisch kranker Menschen stellt sich immer wieder die Frage, ob diese einen Schwerbehindertenausweis beantragen sollen. Diese Frage lässt sich nicht generell beantworten. Viele Betroffene lehnen die Dokumentation der Schwerbehinderteneigenschaft ab, weil sie sich dadurch stigmatisiert fühlen. Dem sollte weitgehend Rechnung getragen werden. Viele soziale Rechte lassen sich auch ohne Schwerbehindertenausweis geltend machen und durchsetzen, weil eine psychische Krankheit oder seelische Behinderung im Sinn der sozialrechtlichen Vorschriften nicht nur durch den Schwerbehindertenausweis nachgewiesen werden kann.

Bei der Suche nach einem Arbeitsplatz kann ein Schwerbehindertenausweis hinderlich sein, weil nach überwiegender Auffassung die Schwerbehinderteneigenschaft auf Nachfrage offenbart werden muss. Für eine psychische Krankheit selbst gilt dies nicht im gleichen Maß, da Krankheiten nur offenbart werden müssen, wenn sie sich unmittelbar auf die Leistungsfähigkeit am konkreten Arbeitsplatz auswirken. Einen Schutz bietet die Schwerbehinderteneigenschaft daher vor allem dann, wenn es um den Erhalt eines bestehenden Arbeitsplatzes geht.

Leistungen bei Pflegebedürftigkeit

Pflegebedürftig im Sinn der sozialen Pflegeversicherung sind Personen, die wegen einer seelischen Krankheit oder Behinderung für die gewöhnlichen und regelmäßig wiederkehrenden Verrichtungen des täglichen Lebens voraussichtlich für mindestens sechs Monate in einem bestimmten Maße der Hilfe bedürfen (§14 Abs.1 SGB XI). Zu den Krankheiten und Behinderungen gehören auch Störungen des Zentralnervensystems, wie Antriebs-, Gedächtnis- oder Orientierungsstörungen sowie endogene Psychosen und Neurosen (§14 Abs.2 Nr.3 SGB XI).

Hilfe im Sinn des Pflegeversicherungsrechts besteht nicht nur in der Übernahme der Verrichtungen, sondern kann auch in der Unterstützung sowie Beaufsichtigung oder Anleitung mit dem Ziel der eigenständigen Übernahme der Verrichtungen bestehen (§14 Abs.3 SGB XI). Allerdings orientiert sich der Katalog der Verrichtungen in §14 Abs.4 SGB XI stark am körperbehinderten Menschen. Insbesondere der sogenannte allgemeine Betreuungsbedarf außerhalb der im Gesetz benannten Verrichtungen wird bei der Einstufung in eine der Pflegestufen nicht berücksichtigt. Leistungen der Pflegeversicherung kommen daher vor allem für Menschen mit Demenzerkrankungen und schweren Zwangserkrankungen in Betracht.

Allerdings hat der Gesetzgeber Leistungen für Pflegebedürftige mit erheblichem allgemeinem Betreuungsbedarf vorgesehen, die zum 1.7.2008 ausgeweitet wurden. Diese betreffen pflegebedürftige Menschen mit demenzbedingten Fähigkeitsstörungen, geistigen Behinderungen und psychischen Erkrankungen, die Auswirkungen auf die Aktivitäten des alltäglichen Lebens haben und zu einer erheblichen Einschränkung der Alltagskompetenz führen. Die insoweit maßgeblichen Fähigkeitsstörungen werden in §45a Abs.2 SGB XI aufgezählt. Nach der Neuregelung können die Leistungen auch von Betroffenen mit der sogenannte Pflegestufe 0 in Anspruch genommen werden, wenn also die inhaltlichen und zeitlichen Vorgaben des §15 SGB XI zur Einstufung in eine Pflegestufe nicht erreicht werden. Zusätzliche Betreuungsleistungen, insbesondere für besondere

Angebote der allgemeinen Anleitung und Betreuung durch zugelassene Pflegedienste sowie für niedrigschwellige Betreuungsangebote, können im Wert von bis zu 200 Euro monatlich in Anspruch genommen werden (§ 45 b Abs. 1 SGB XI).

Leistungen der Pflegeversicherung werden bei häuslicher Pflege, teilstationärer Pflege und Kurzzeitpflege sowie vollstationärer Pflege erbracht (§§ 36 ff. SGB XI). Da die Leistungen der Pflegeversicherung nicht bedarfsdeckend sind, kann es erforderlich sein, ergänzende Leistungen der Hilfe zur Pflege nach §§ 61 ff. SGB XII in Anspruch zu nehmen. Dann ist anders als bei den Leistungen der Pflegeversicherung das Einkommen und Vermögen nach den §§ 82 ff. SGB XII einzusetzen.

Straftaten psychisch kranker Menschen

Strafrechtliche Unterbringung

Begehen psychisch kranke Menschen Straftaten, ist zu prüfen, ob sie dafür bestraft werden können. Die Vorschriften über die Schuldunfähigkeit nach § 20 StGB und die verminderte Schuldfähigkeit nach § 21 StGB führen dazu, dass entweder keine oder nur eine niedrigere Strafe verhängt werden kann. → Schuldfähigkeit, Seite 34

Allerdings kommen als strafrechtliche Reaktionen auch die Maßregeln der Besserung und Sicherung in Betracht. Diese knüpfen zwar an eine begangene Straftat an, werden aber nicht als Vergeltung für begangenes Unrecht, sondern aus Anlass der Straftat zum Schutz der Allgemeinheit angeordnet. Sie haben wie alle Unterbringungen präventiven Charakter.

Eine Unterbringung nach § 63 StGB in einem psychiatrischen Krankenhaus wird angeordnet, wenn jemand eine rechtswidrige Tat im Zustand der Schuldunfähigkeit oder verminderten Schuldfähigkeit begangen hat und die Gesamtwürdigung des Täters und seiner Tat ergibt, dass von ihm infolge seines Zustands in Zukunft erhebliche rechtswidrige Taten zu erwarten sind und er deshalb für die Allgemeinheit gefährlich ist. Bei der Frage der Erheblichkeit der zu erwartenden Straftaten ist der Grundsatz der Verhältnismäßigkeit zu beachten (§ 62 StGB). Dies bedeutet, dass zumindest Straftaten aus dem Bereich der mittleren Kriminalität zu erwarten sein müssen. Zechprellereien z. B., in der Regel auch exhibitionistische Handlungen reichen hierfür nicht aus (BGH in: R&P 1992, 64; 1999, 36; 2008, 53). Die Unterbringung in einem psychiatrischen Krankenhaus kann für den Betroffenen aufgrund der unbestimmten Dauer schwerwiegender sein als eine Strafe. Allerdings werden die Voraussetzungen für die Verhältnismäßigkeit des Freiheitsentzuges umso strenger, je länger die Unterbringung dauert (BVerfG in: R&P 1986, 25). Wenigstens einmal jährlich hat das Gericht zu prüfen, ob die Unterbringungsvoraussetzungen noch vorliegen (§ 67e StGB).

Wird eine Straftat begangen, die auf den Hang zurückgeht, alkoholische Getränke oder andere berauschende Mittel im Übermaß zu sich zu nehmen, wird die Unterbringung nach § 64 StGB in einer Entziehungsanstalt angeordnet, wenn infolge des Hanges die Gefahr weiterer erheblicher Straftaten besteht. Die Unterbringung in einer Entziehungsanstalt darf nur verhängt werden, wenn eine hinreichende Erfolgsaussicht besteht, und ist in der Regel auf zwei Jahre befristet. Die Überprüfung nach § 67 e StGB hat mindestens alle sechs Monate stattzufinden. Im Fall einer Betäubungsmittelabhängigkeit kommt auch die Zurückstellung der Strafvollstreckung oder der Unterbringung in einer Entziehungsanstalt in Betracht, wenn eine der Rehabilitation dienende Behandlung der Abhängigkeit gewährleistet ist (§ 35 a BtMG, »Therapie statt Strafe«).

Die Unterbringung kann zugleich mit der Anordnung zur Bewährung ausgesetzt werden (§ 67 b StGB). Dies kommt z. B. in Betracht, wenn der Betroffene unter Betreuung steht und durch Maßnahmen des rechtlichen Betreuers die von dem Betroffenen ausgehende Gefahr abgewendet oder so stark vermindert werden kann, dass auf den Vollzug der Maßregel verzichtet werden kann (BGH in: R&P 2002, 192). Dies gilt entsprechend bei einer bereits angeordneten zivilrechtlichen oder öffentlich-rechtlichen Unterbringung. Allerdings ist dabei zu beachten, dass die Betreuung und zivilrechtliche Unterbringung anderen Zwecken dienen als die strafrechtliche Unterbringung.

Da die Betroffenen im Fall der Anordnung einer Maßregel der Besserung und Sicherung Freiheitsentzug erleiden müssen, obwohl sie krankheitsbedingt keine Verantwortung für ihr Handeln tragen und insoweit keine Schuld auf sich geladen haben, wird von einem Sonderopfer gesprochen,

das sie für die Sicherheit der Allgemeinheit erbringen müssen. Dies bedeutet gleichzeitig, dass der Freiheitsentzug beendet werden muss, wenn seine Voraussetzungen weggefallen sind. Nach § 67 d Abs. 2 StGB setzt das Gericht die weitere Vollstreckung der Unterbringung zur Bewährung aus, wenn zu erwarten ist, dass der Untergebrachte außerhalb des Maßregelvollzugs keine Straftaten mehr begehen wird.
Sowohl die Entscheidung über die Anordnung der Unterbringung als auch die Entscheidung über die Aussetzung der Unterbringung zur Bewährung setzen eine Prognoseentscheidung voraus. Hierfür bedarf das entscheidende Gericht der Hilfe eines Sachverständigen. Da Prognoseentscheidungen in die Zukunft gerichtet sind, können sie naturgemäß fehlerhaft sein. Dies kann bedeuten, dass Betroffene nicht untergebracht werden, obwohl sie noch gefährlich sind, oder untergebracht werden, obwohl sie nicht gefährlich sind. Um die Risken der Prognosen zu minimieren, bemüht sich die Prognoseforschung laufend um die Verbesserung der Konzepte. In das lange vorherrschende Konzept der klinischen Prognose, das vorwiegend auf der klinischen Erfahrung des jeweiligen Sachverständigen beruht, werden zunehmend Merkmalskataloge einbezogen, die der Verbesserung der Vorhersage des Verhaltens der Betroffenen dienen sollen. Dabei spielen vor allem das Ausgangsdelikt, die Vorgeschichte (anamnestische Daten), die aktuelle Persönlichkeitsentwicklung sowie der soziale Empfangsraum eine Rolle (siehe Nedopil, 286 ff.).

Maßregelvollzug

Der Vollzug der Maßregeln nach §§ 63 und 64 StGB ist in den Maßregelvollzugsgesetzen der Bundesländer festgelegt, soweit diese über eigene Maßregelvollzugsgesetze verfügen, im Übrigen als Teil der PsychKGs und Unterbringungsgesetze. Es geht in diesem Zusammenhang vor allem um die Behandlung einschließlich der Vorschriften über die Zwangsbehandlung, die Rehabilitation (Ausbildung, Beschäftigung), die Grundrechte der Untergebrachten und deren Einschränkungen bei Besuchen und Kontakten nach außen (Schriftwechsel, Telefongespräche), den Besitz von Gegenständen, besondere Sicherungsmaßnahmen und die Vollzugslockerungen.

Der Maßregelvollzug dient dem Zweck, die Betroffenen durch Behandlung und Betreuung zu befähigen, ein in die Gemeinschaft eingegliedertes Leben zu führen, sowie die Allgemeinheit und das Personal der Einrichtung vor weiteren Straftaten zu schützen (so § 1 Abs. 1 MRVG-NRW). Diese Beschreibung folgt dem Grundsatz, dass die Sicherung der Allgemeinheit am besten durch Besserung (Therapie) zu erreichen ist.

Gerade die Vollzugslockerungen in Form von Ausführung, Ausgang, Freigang und Beurlaubung bis zum offenen Vollzug spielen für die Vorbereitung der Entlassung aus dem Maßregelvollzug neben der Behandlung eine entscheidende Rolle. Die Gewährung von Vollzugslockerungen setzt eine Prognoseentscheidung dahingehend voraus, ob eine vorübergehende Freilassung im Hinblick auf das Sicherheitsinteresse der Allgemeinheit verantwortet werden kann. Gleichzeitig sind Vollzugslockerungen wichtige Behandlungsmaßnahmen und dienen der Erprobung der Behandlungsfortschritte.

Die Einzelheiten des Maßregelvollzugs sind in den Bundesländern sehr unterschiedlich und zum Teil lückenhaft geregelt. Umstritten ist die Frage, ob die zum Teil engen Grenzen für eine Zwangsbehandlung durch die Bestellung eines rechtlichen Betreuers umgangen werden können Nach der neuen Rechtsprechung des BGH ist dies nicht möglich, weil eine Behandlung gegen den Widerstand des Betroffenen nur im Rahmen einer betreuungsrechtlichen Unterbringung zur Heilbehandlung in engen Grenzen zulässig ist. → **Zwangsbehandlung durch den Betreuer, Seite 53**

Entlassung und Nachsorge

Mit der Aussetzung der Unterbringung zur Bewährung tritt Führungsaufsicht ein, d.h. der Betroffene untersteht einer Aufsichtsstelle und bekommt einen Bewährungshelfer (§ 68 a StGB). Im Rahmen der Führungsaufsicht können Weisungen erteilt werden. Von besonderer Bedeutung ist die Weisung, sich zu bestimmten Zeiten oder in bestimmten Abständen einem Arzt, Psychotherapeuten oder einer forensischen Ambulanz vorzustellen bzw. sich durch eine forensische Ambulanz betreuen und behandeln zu lassen (§ 68 b Abs. 1 Nr. 11, Abs. 2 StGB). Dadurch kann auch nach der Entlassung eine Anbindung an die Maßregelklinik erreicht werden. Die forensischen Ambulanzen gewinnen in der Nachsorge psychisch Kranker Straftäter eine zunehmende Bedeutung, sind aber noch nicht flächendeckend eingerichtet. Dies gilt auch für besondere Wohnformen für forensische Patienten, weil diese in den betreuten Wohneinrichtungen der allgemeinen psychiatrischen Versorgung häufig nicht aufgenommen werden.

Die neue Vorschrift des § 67 h StGB ermöglicht eine befristete Wiederinvollzugsetzung der Unterbringung nach den §§ 63, 64 StGB zur Krisenintervention, wenn eine akute Verschlechterung des Zustands des Betroffenen oder ein Rückfall in Suchtverhalten eingetreten ist und die Maßnahme erforderlich ist, um einen Widerruf der Unterbringung zu vermeiden. Dadurch soll im Rahmen der forensischen Nachsorge Krisensituationen begegnet werden, ohne dass es zu einem Bewährungswiderruf und damit einem erneuten Maßregelvollzug mit unbestimmter Dauer kommt. Es muss in diesen Fällen nicht auf eine öffentlich-rechtliche oder zivilrechtliche Unterbringung zurückgegriffen werden. Da die Krisenintervention in der Maßregelklinik stattfindet, sind die Ärzte und Therapeuten in der Regel bereits mit der Krankheit und Vorgeschichte des Betroffenen vertraut. Außerdem können die Wohnung und die sozialen Kontakte des Betroffenen eher erhalten werden.

Soziale Sicherung psychisch kranker Menschen

Jede psychische (oder andere) Krankheit kann zur Gefährdung der Existenzsicherung führen, wenn wegen der Krankheit vorübergehend oder auf Dauer eine Erwerbstätigkeit nicht möglich ist und daher kein Einkommen erzielt werden kann.
Für die soziale Sicherung psychisch kranker Menschen ist es von entscheidender Bedeutung, ob sie als Versicherte Leistungen aus der Sozialversicherung (Kranken-, Renten-, Arbeitslosenversicherung) erhalten oder auf Leistungen der sozialen Fürsorge (Sozialhilfe) angewiesen sind. Während im ersten Fall die Versicherteneigenschaft und ggf. weitere versicherungsrechtliche Voraussetzungen den Leistungsanspruch gegen den jeweiligen Sozialversicherungsträger auslösen, wird im zweiten Fall die Hilfebedürftigkeit geprüft. Ausschlaggebend für die Frage, welche Leistungen in Betracht kommen, sind neben der Versicherteneigenschaft die Dauer der Krankheit bzw. Behinderung sowie der damit verbundenen Leistungsbeeinträchtigung, da die Leistungen aus der Sozialversicherung häufig zeitlich befristet sind.

Entgeltersatzleistungen der Sozialversicherung

Bei vorübergehender Arbeitsunfähigkeit bestehen Ansprüche auf Entgeltfortzahlung durch den Arbeitgeber (in der Regel bis zu sechs Wochen) sowie auf Krankengeld, das durch die Krankenkasse längstens für 78 Wochen wegen derselben Krankheit bezahlt wird (§ 48 SGB V).

→ Arbeitsunfähigkeit, Seite 34

Dauert die Arbeitsunfähigkeit länger und ist die Erwerbsfähigkeit nach ärztlichem Gutachten erheblich gefährdet oder gemindert, kann die Krankenkasse den Betroffenen nach § 51 SGB V unter Fristsetzung auffordern, einen Antrag auf Leistungen zur medizinischen Rehabilitation und zur Teilhabe am Arbeitsleben zu stellen. Wird der Antrag nicht fristgerecht gestellt, entfällt der Anspruch auf Krankengeld, lebt aber bei einer späteren Antragstellung wieder auf (§ 51 Abs. 3 SGB V). Der zuständige Rehabilitationsträger hat dann zu prüfen, ob Leistungen der medizinischen Rehabilitation oder zur Teilhabe am Arbeitsleben zu gewähren sind.
Während einer medizinischen Rehabilitationsmaßnahme bzw. Maßnahme zur Teilhabe am Arbeitsleben besteht Anspruch auf Leistungen zum Lebensunterhalt (§ 45 SGB IX). Ist die Krankenkasse Rehabilitationsträger, ist Krankengeld zu gewähren, sonst (insbesondere wenn der Rentenversicherungsträger oder die Bundesagentur für Arbeit Rehabilitationsträger sind) Übergangsgeld.
Der Antrag auf Leistungen zur medizinischen Rehabilitation oder zur Teilhabe am Arbeitsleben wird in einen Rentenantrag umgedeutet, wenn sich herausstellt, dass die entsprechenden Maßnahmen nicht erfolgversprechend sind oder nicht erfolgreich gewesen sind und verminderte Erwerbsfähigkeit vorliegt (§ 116 SGB VI). Dann wird rückwirkend ab Antragstellung auf Leistungen zur medizinischen Rehabilitation oder zur Teilhabe am Arbeitsleben Rente wegen voller oder teilweiser Erwerbsminderung gewährt.
Erwerbsminderungsrenten werden grundsätzlich auf Zeit und damit befristet geleistet. Die Befristung kann bis zu einer Gesamtdauer von neun Jahren wiederholt werden. Ein Anspruch auf unbefristete Erwerbsminderungsrente besteht, wenn unwahrscheinlich ist, dass die Erwerbsminderung behoben werden kann (§ 102 Abs. 2 SGB VI).

→ **Erwerbsminderung, Seite 34**

Endet der Anspruch auf Krankengeld wegen der Überschreitung der Höchstdauer von 78 Wochen und besteht die Arbeitsunfähigkeit fort, kann der Betroffene einen Antrag auf Arbeitslosengeld stellen. Da sich der Begriff der Arbeitsunfähigkeit auf die zuletzt ausgeübte Beschäftigung bezieht, einem Arbeitslosen aber alle seiner Arbeitsfähigkeit entsprechenden Beschäftigungen zumutbar sind (§ 121 Abs. 1 SGB III), kann durchaus Verfügbarkeit im Sinne der Vorschriften über den Bezug von Arbeitslosengeld bestehen. Dies gilt auch, wenn der Arbeitsvertrag mit dem letzten Arbeitgeber nicht beendet ist, soweit dieser auf seine Direktionsrechte aus dem Arbeitsvertrag verzichtet. Davon wird in der Praxis in der Regel ausgegangen. Auch eine Minderung der Leistungsfähigkeit steht dem Anspruch auf Arbeitslosengeld nicht entgegen, wenn verminderte Erwerbsfähigkeit im Sinn der gesetzlichen Rentenversicherung durch den zuständigen Rentenversicherungsträger nicht festgestellt wurde (§ 25 Abs. 1 SGB III). Die Agentur für Arbeit fordert den Betroffenen in diesem Fall auf, innerhalb eines Monats einen Antrag auf Leistungen zur medizinischen Rehabilitation oder zur Teilhabe am Arbeitsleben zu stellen (§ 125 Abs. 2 SGB III). Wird der Antrag trotz Aufforderung nicht gestellt, ruht der Anspruch auf Arbeitslosengeld. Anderenfalls besteht der Anspruch auf Arbeitslosengeld fort, bis der zuständige Rentenversicherungsträger eine Rente wegen voller Erwerbsminderung bewilligt hat oder die Bezugsdauer des Arbeitslosengeldes erreicht ist. Je nach Vorversicherungszeiten beträgt die Dauer des Arbeitslosengeldes bis zu einem Jahr, bei älteren Arbeitnehmern bis zu zwei Jahren (§ 127 SGB III).

Mit dem vorstehend dargestellten Leistungssystem versucht der Gesetzgeber, betroffenen Menschen im Fall von Krankheit und Behinderung und einem damit häufig verbundenen Verlust des Arbeitsplatzes ein lückenloses Netz an Sozialleistungen zur Verfügung zu stellen, um die Einkommenseinbußen zu kompensieren. Die verschiedenen Leistungen sollen im günstigsten Fall nahtlos ineinandergreifen. In der Praxis funktioniert das aber oft nicht. Dies hat mehrere Gründe. Zum einen versuchen Sozialleistungsträger häufig, Betroffene auf andere Sozialleistungen zu verweisen, obwohl die entsprechenden Voraussetzungen gar nicht vorliegen, sondern die eigene Leistungspflicht fortbesteht. Zum anderen sind die Leistungen nicht immer ausreichend zur Deckung des Lebensbedarfs. Zwar orientiert sich die Höhe von Krankengeld, Übergangsgeld und Arbeitslosengeld in der Regel am zuletzt erzielten Arbeitsentgelt, sodass diese Leistungen meistens ausreichen, den Lebensunterhalt zu bestreiten. Die Renten wegen Erwerbsminderung werden aber überwiegend beitragsbezogen berechnet. Es hängt vom Einzelfall ab, ob die Rente wegen Erwerbsminderung für den Lebensunterhalt ausreicht. Bei der Rente wegen teilweiser Erwerbsminderung ist dies in der Regel nicht der Fall. Hier bestehen allerdings höhere Hinzuverdienstgrenzen.

Sozialhilfeleistungen zur Sicherung des Lebensunterhalts

Sind die Ansprüche auf Krankengeld und Arbeitslosengeld erschöpft und besteht kein Anspruch auf eine Rente wegen Erwerbsminderung, die den Lebensunterhalt abdeckt, bleibt nur der Verweis auf Leistungen der Sozialhilfe im weiteren Sinn. Es handelt sich dabei um die Leistungen, die nachrangig gegenüber anderen Sozialleistungen und Ansprüchen (z. B. Unterhaltsansprüchen) erbracht werden und zunächst den Einsatz der eigenen Arbeitskraft sowie des eigenen Einkommens und Vermögens erfordern (§§ 9 SGB II, 2 SGB XII). Seit dem 1.1.2005 ist das System der Sozialhilfe neu gestaltet worden. Durch die Abschaffung der früheren (entgeltbezogenen) Arbeitslosenhilfe und die Zusammenfassung der Leistungen der Arbeitslosenhilfe und der Hilfe zum Lebensunterhalt für erwerbsfähige Menschen zur Grundsicherung für Arbeitsuchende nach dem SGB II kommen für Betroffene zur Existenzsicherung nunmehr drei Leistungen in Betracht:

- Arbeitslosengeld II bzw. Sozialgeld nach dem SGB II,
- Hilfe zum Lebensunterhalt nach §§ 27 ff. SGB XII,
- Grundsicherung im Alter und bei Erwerbsminderung nach § 41 ff. SGB XII.

Die vorgenannten Leistungen zur Sicherung des Lebensunterhalts schließen sich gegenseitig aus. Es bedarf daher immer der Zuordnung zu einer der drei Leistungen. Maßgebliches Abgrenzungskriterium ist der Begriff der Erwerbsfähigkeit. → Erwerbsfähigkeit, Seite 35

Wer mindestens drei Stunden täglich erwerbstätig sein kann und hilfebedürftig ist, hat Anspruch auf Arbeitslosengeld II nach dem SGB II und muss sich auch dem dort geregelten System des Forderns und Förderns unterwerfen, d.h. insbesondere jede zumutbare Arbeit annehmen, die seinen körperlichen, geistigen und seelischen Fähigkeiten entspricht (§§ 9, 10 SGB II). Eine psychische Erkrankung oder seelische Behinderung ist also bei der Zumutbarkeit der Arbeit zu berücksichtigen, selbst wenn von Erwerbsfähigkeit ausgegangen wird. Nach § 1 Abs. 1 Nr. 5 SGB II sind die Leistungen der Grundsicherung für Arbeitssuchende darauf auszurichten, dass behindertenspezifische Nachteile überwunden werden.

← Arbeitslosengeld II

Darüber hinaus besteht bei psychischen kranken Menschen die Möglichkeit einer psychosozialen Betreuung, wenn diese für die Eingliederung des erwerbsfähigen Hilfebedürftigen in das Erwerbsleben erforderlich ist (§ 16 Abs. 2 Nr. 3 SGB II). Von dieser Möglichkeit wird in der Praxis bisher zu wenig Gebrauch gemacht.

Nicht erwerbsfähige Angehörige der Bezieher von Arbeitslosengeld II erhalten Sozialgeld, soweit kein Anspruch auf Grundsicherung im Alter oder bei Erwerbsminderung besteht (§ 28 SGB II). Keine Leistungen nach dem SGB II erhält, wer in einer stationären Einrichtung untergebracht ist – es sei denn, es handelt sich um einen Krankenhausaufenthalt, der voraussichtlich nicht länger als sechs Monate dauert – oder aufgrund richterlicher Anordnung untergebracht ist (§ 7 Abs. 4 SGB II). Eine richterlich angeordnete Freiheitsentziehung besteht z.B. im Fall einer Unterbringung nach PsychKG / UG oder einer strafrechtlichen Unterbringung. Allerdings greift der Leistungsausschluss nicht, wenn der Betroffene aufgrund der Struktur der Einrichtung drei Stunden täglich einer Erwerbstätigkeit auf dem allgemeinen Arbeitsmarkt nachgehen kann (BSG in: R&P Heft 1/2009). Anderenfalls kann ein Anspruch auf Leistungen nach dem SGB XII bestehen. Die Leistungen nach dem SGB II sind von einem Antrag abhängig. In der Regel besteht keine Rückgriffsmöglichkeit auf unterhaltspflichtige Eltern und Kinder (§ 33 SGB II).

Grundsicherung bei Erwerbsminderung

Wer nicht drei Stunden täglich erwerbstätig sein kann, wird auf die Leistungen des SGB XII verwiesen. Besteht danach volle Erwerbsminderung und ist unwahrscheinlich, dass die volle Erwerbsminderung behoben werden kann, besteht Anspruch auf Leistungen der Grundsicherung bei Erwerbsminderung nach §§ 41 ff. SGB XII. Auch diese Leistung muss ausdrücklich beantragt werden. Obwohl es sich um eine Leistung der Sozialhilfe handelt, besteht in der Regel keine Rückgriffsmöglichkeit gegen unterhaltspflichtige Eltern und Kinder (§ 43 Abs. 2 SGB II). Dieser Aspekt ist für psychisch kranke Menschen von erheblicher Bedeutung.

Hilfe zum Lebensunterhalt

Kann der Betroffene nicht drei Stunden täglich erwerbstätig sein, ohne dass feststeht, dass dies auf Dauer so sein wird, besteht Anspruch auf Hilfe zum Lebensunterhalt nach §§ 27 ff. SGB XII. Die Hilfe zum Lebensunterhalt, die es bis zum 31. 12. 2004 als einzige Sozialhilfeleistung zur Finanzierung des Lebensunterhalts gab, ist bei Kenntnis des Bedarfs von Amts wegen zu gewähren (§ 18 SGB XII) und setzt daher keinen förmlichen Antrag voraus. Grundsätzlich besteht bei der Hilfe zum Lebensunterhalt die Möglichkeit des Rückgriffs gegen Unterhaltspflichtige. Eine Ausnahme besteht nach § 94 Abs. 2 SGB XII, wenn behinderte Menschen im Sinn des § 53 SGB XII oder pflegebedürftige Menschen im Sinn des § 61 SGB XII gleichzeitig Leistungen der Eingliederungshilfe oder der Hilfe zur Pflege in Anspruch nehmen, hinsichtlich des Unterhaltsanspruchs gegen die Eltern (nicht aber gegen Kinder). In diesem Fall wird der Unterhaltsrückgriff wegen der Hilfe zum Lebensunterhalt auf höchstens 20 Euro begrenzt. Es besteht außerdem die Möglichkeit, sich im Einzelfall auf eine unbillige Härte zu berufen (z. B. wegen

materieller und immaterieller Belastungen im Umgang mit dem Betroffenen; §94 Abs. 3 SGB XII). Zur Hilfe zum Lebensunterhalt gehört auch der notwendige Lebensunterhalt in Einrichtungen (§35 SGB XII).
Gibt es zwischen den verschiedenen Leistungsträgern nach dem SGB II und XII Streit um die Frage der Erwerbsfähigkeit des Betroffenen und damit um die Zuständigkeit, sind bis zu einer Entscheidung der Einigungsstelle zunächst Leistungen nach dem SGB II zu erbringen (§44a SGB II). Zur Klärung der Frage der Erwerbsfähigkeit wird ggf. ein Sachverständigengutachten eingeholt. Ist ein Antrag auf Grundsicherung bei Erwerbsminderung gestellt, über den noch nicht entschieden wurde, ist das Sozialamt in jedem Fall verpflichtet, zunächst Hilfe zum Lebensunterhalt zu gewähren. Auch hier sind die Vorschriften eigentlich so ausgestaltet, dass niemand durch das soziale Netz fallen kann. In der Praxis werden aber gerade psychisch kranke Menschen, bei denen Zweifel an der Erwerbsfähigkeit bestehen, zwischen den verschiedenen Trägern hin und her geschoben und nicht ausreichend über ihre Ansprüche informiert.
Die Höhe von Arbeitslosengeld II, Hilfe zum Lebensunterhalt und Grundsicherung im Alter und bei Erwerbsminderung ist weitgehend identisch und umfasst die Regelleistung zur Sicherung des Lebensunterhalts, Mehrbedarfe und Leistungen für Unterkunft und Heizung. Die Leistungen orientieren sich am Bedarf und nicht am zuletzt erzielten Einkommen. Einkommen und Vermögen sind in allerdings unterschiedlichen Grenzen einzusetzen (§§11, 12 SGB II einerseits, §§ 82ff., 90 SGB XII andererseits). Bezieher von Arbeitslosengeld II müssen sich bei einem Krankenhausaufenthalt ersparte Aufwendungen nicht als Einkommen anrechnen lassen. (BSG in: R&P Heft 1/2009).

Sozialrechtliche Grundlagen der psychiatrischen Versorgung

Aufgaben und Leistungsgrundsätze des Sozialgesetzbuchs bei psychischen Krankheiten

Die Inanspruchnahme von Leistungen der psychiatrischen Versorgung geschieht in aller Regel auf vertraglicher Basis. → Behandlungsvertrag, Seite 48

In diesem Zusammenhang ist auch die Finanzierung gewährter Leistungen zu sehen. Seiner Leistungsverpflichtung kommt der Hilfesuchende dadurch nach, dass er seine Mitgliedschaft in der gesetzlichen Krankenversicherung nachweist und die Leistung von der Krankenkasse als Sachleistung erhält oder eine Kostenübernahmeerklärung des zuständigen Sozialleistungsträgers vorlegt, mit dem die Einrichtung dann unmittelbar abrechnen kann. Nur in Ausnahmefällen ist der Betroffene Selbstzahler. Die sozialrechtlichen Vorschriften betreffen damit die Frage, welcher Kostenträger für die notwendige Leistung zuständig ist.

Die sozialrechtliche Finanzierung der Einrichtungen der psychiatrischen Versorgung ist nach wie vor unübersichtlich und von strukturellen Widersprüchen geprägt. Dies liegt an dem gegliederten System des Sozialrechts und der dadurch erforderlichen Zuordnung der Einrichtungen der psychiatrischen Versorgung zu den einzelnen Leistungsbereichen des Sozialrechts. Die Forderungen der Psychiatrie-Enquete nach einer konsequenten Umsetzung des Grundsatzes »ambulant vor stationär« sowie einer Gleichstellung von psychisch kranken bzw. seelisch behinderten Menschen mit körperlich erkrankten bzw. behinderten Menschen sind bis heute im Sozialrecht nicht vollständig erfüllt. Dabei wird an verschiedenen Stellen des Sozialgesetzbuches formuliert, dass

- Sozialleistungen besondere Belastungen des Lebens abwenden oder ausgleichen sollen (§ 1 Abs. 1 SGB I);
- behinderte Menschen unabhängig von der Ursache der Behinderung Leistungen erhalten, um ihre Selbstbestimmung und gleichberechtigte Teilhabe am Leben in der Gesellschaft zu fördern, Benachteiligungen zu vermeiden oder ihnen entgegenzuwirken (§§ 10 SGB I, 1 SGB IX);
- den besonderen Bedürfnissen psychisch kranker oder seelisch behinderter Menschen Rechnung zu tragen ist (§§ 2 a, 27 Abs. 1 Satz 3 SGB V, 10 Abs. 3 SGB IX);
- stationäre Leistungen nur erbracht werden dürfen, wenn ambulante oder teilstationäre Maßnahmen nicht ausreichen (§§ 39 Abs. 1, 40 Abs. 2 SGB V, 3 SGB XI, 13 Abs. 1 SGB XII; im Sozialhilferecht besteht allerdings ein Mehrkostenvorbehalt).

Darüber hinaus verlangt der Grundsatz der Prävention, dass der Eintritt einer Behinderung (einschließlich einer chronischen Krankheit) oder von Pflegebedürftigkeit durch vorbeugende Maßnahmen vermieden wird (§§ 3 SGB IX, 5 SGB XI, 14 SGB XII; zu den Leistungen der Prävention im Krankenversicherungsrecht § 20 SGB V). In diesem Zusammenhang besteht ein Vorrang von Leistungen zur Teilhabe vor Rentenleistungen (§ 8 SGB IX).

MERKE → Auf die meisten für die psychiatrische Versorgung relevanten Sozialleistungen besteht ein Rechtsanspruch (§ 38 SGB I). Nur die Auswahl der konkreten Hilfe kann im Einzelfall im Ermessen des Leistungsträgers liegen.

Alle Sozialleistungsträger sind verpflichtet, den Betroffenen durch Aufklärung, Beratung und Unterstützung den Zugang zu den im Einzelfall erforderlichen Hilfen zu ermöglichen (§§ 13 ff. SGB I, 22 SGB IX, 11 SGB XII). Zur Einzelfallsteuerung dient die Erstellung eines Teilhabe- oder Gesamtplans unter Einbeziehung des Betroffenen und ggf. seines rechtlichen Betreuers und der Angehörigen (§§ 13 Abs. 2 Nr. 3 SGB IX, 58 SGB XII; zum Hilfeplan im Kinder- und Jugendhilferecht § 36 Abs. 2 SGB VIII). Die Betroffenen haben bei der Entscheidung über die Leistungen und bei der

Ausführung der Leistungen ein Wunsch- und Wahlrecht, soweit die Wünsche angemessen sind (§§ 33 SGB I, 9 SGB IX, 9 Abs. 2 SGB XII). Im Rahmen der Angemessenheit können neben den persönlichen Verhältnissen auch Kostenaspekte berücksichtigt werden. Außerdem hängen die Ansprüche der Betroffenen und ihr Wunsch- und Wahlrecht zunehmend davon ab, ob zwischen den Sozialleistungsträgern und den Leistungserbringern Verträge oder Vereinbarungen bestehen (siehe z. B. §§ 95, 107 ff., 132 ff. SGB V, 15 Abs. 2 SGB VI, 21 SGB IX, 75 ff. SGB XII).

→ **Leistungserbringungsrecht, Seite 130**

Die Suche nach der im Einzelfall richtigen Hilfeform hängt nicht allein von therapeutischen oder rehabilitativen Gesichtspunkten, sondern wesentlich von strukturellen und damit auch sozialrechtlichen Aspekten ab. Hier spielt neben dem Vorliegen von Vereinbarungen mit den Leistungserbringern und der Verfügbarkeit der Hilfeangebote eine entscheidende Rolle, ob es sich um Leistungen der Sozialversicherung (Kranken- und Pflegeversicherung, Rentenversicherung, Arbeitsförderung) oder um Leistungen der Sozialhilfe (insbesondere Eingliederungshilfe für behinderte Menschen, Hilfe zur Pflege) handelt. Während sich im ersten Fall eine finanzielle Eigenbeteiligung allenfalls auf gesetzlich vorgesehene Zuzahlungen beschränkt, die bei Überschreiten einer Belastungsgrenze entfallen, müssen Bezieher von Sozialhilfeleistungen ihr Einkommen und Vermögen bei Überschreiten bestimmter Einkommensgrenzen bzw. Freibeträge einsetzen (§§ 82 ff. SGB XII).

Der Einsatz des Einkommens und Vermögens kann – soweit vorhanden – durchaus ein Hemmnis für die Inanspruchnahme von Hilfen sein. Gleichzeitig bedeutet dies:

MERKE → **Immer dann, wenn das angestrebte Rehabilitationsziel durch mehrere Hilfeangebote erreicht werden kann, ist die Hilfe zu bevorzugen, die den Betroffenen am wenigsten finanziell belastet.**

Entscheidend ist daher die Zuordnung des Hilfeangebots zu den sozialrechtlichen Leistungssystemen. Dabei sind unterschiedliche Zuordnungen im Bereich der psychiatrischen Versorgung und der Suchtkrankenversorgung sowie regionale Unterschiede zu berücksichtigen.

Grundzüge des Rehabilitationsrechts

Mit dem Sozialgesetzbuch IX (Rehabilitation und Teilhabe behinderter Menschen) soll die Selbstbestimmung behinderter und von Behinderung bedrohter Menschen und deren gleichberechtigte Teilhabe am Leben in der Gesellschaft gefördert werden (§ 1 SGB IX).

Die Leistungen zur Teilhabe umfassen daher die notwendigen Sozialleistungen, um unabhängig von der Ursache der Behinderung

- die Behinderung abzuwenden, zu beseitigen, zu mindern, ihre Verschlimmerung zu verhüten oder ihre Folgen zu mildern;
- Einschränkungen der Erwerbsfähigkeit oder Pflegebedürftigkeit zu vermeiden, zu überwinden, zu mindern oder eine Verschlimmerung zu verhüten;
- die Teilhabe am Arbeitsleben entsprechend den Neigungen und Fähigkeiten dauerhaft zu sichern oder
- die persönliche Entwicklung ganzheitlich zu fördern und die Teilhabe am Leben in der Gesellschaft sowie eine möglichst selbstständige und selbstbestimmte Lebensführung zu ermöglichen und zu erleichtern (§§ 10 SGB I, 4 SGB IX).

Dabei ist den besonderen Bedürfnissen seelisch behinderter oder von einer seelischen Behinderung bedrohter Menschen Rechnung zu tragen (§ 10 Abs. 3 SGB IX).

Mit der vorstehenden Aufzählung sind die Leistungsgruppen im Bereich der Rehabilitation angesprochen (§ 5 SGB IX). Es handelt sich um

- Leistungen zur medizinischen Rehabilitation,
- Leistungen zur Teilhabe am Arbeitsleben und
- Leistungen zur Teilhabe am Leben in der Gemeinschaft.

Hinzukommen unterhaltssichernde und andere ergänzenden Leistungen. Dem Rehabilitationsrecht liegt das Finalitätsprinzip zugrunde, d.h. Leistungen werden unabhängig von der Ursache und ausgerichtet am Bedarf und den Rehabilitationszielen erbracht. Nur in besonderen Fällen ist die Ursache der Behinderung maßgeblich für die Zuständigkeit des Leistungsträgers (Kausalitätsprinzip). Dies betrifft die Leistungen der gesetzlichen Unfallversicherung (bei Gesundheitsschäden infolge von Arbeitsunfällen oder Berufskrankheiten) sowie das soziale Entschädigungsrecht (z.B. bei psychischen Beeinträchtigungen der Opfer von Straftaten nach dem Opferentschädigungsgesetz).

Mit dem SGB IX wurde am gegliederten System des Rehabilitationsrechts festgehalten. Forderungen nach einer »Rehabilitation aus einer Hand«, d.h. der Zuständigkeit eines Leistungsträgers für alle Rehabilitationsleistungen, wurden nicht erfüllt. Der Gesetzgeber wollte der Unübersichtlichkeit des Rehabilitationsrechts vielmehr begegnen durch

- eine Vereinheitlichung des Begriffs der Behinderung für alle Sozialleistungsbereiche (§ 2 SGB IX),
- eine Vereinheitlichung der Rehabilitationsleistungen (§§ 26 ff. SGB IX),
- schnellen Zugang zu den Leistungen bei Zuständigkeitsproblemen (§ 14 SGB IX),
- die Schaffung gemeinsamer Servicestellen zur Klärung des Rehabilitationsbedarfs und der Zuständigkeiten (§ 22 SGB IX),
- die Verpflichtung zur Kooperation der Rehabilitationsträger sowie zur Koordination ihrer Leistungen (§§ 10 ff. SGB IX).

Dieses Ziel zu erreichen, ist nur teilweise gelungen. Durch den Vorbehalt abweichender Regelungen in § 7 SGB IX ist die Vereinheitlichung der Leistungen nicht vollständig umgesetzt worden. Während die meisten Sozialleistungsgesetze ihrerseits auf den Leistungskatalog des SGB IX verweisen (so insbesondere §§ 15, 16 SGB VI, 54 Abs. 1 SGB XII, teilweise 109 Abs. 1 SGB III), ist dies gerade im für psychisch kranke Menschen wichtigen Krankenversicherungsrecht nicht der Fall. Hier ist lediglich geregelt, dass

die Leistungen zur medizinischen Rehabilitation unter Beachtung des SGB IX zu erbringen sind, soweit sich aus dem Recht der Krankenversicherung nichts anderes ergibt (§ 11 Abs. 2 Satz 3 SGB). Darüber hinaus bleiben die Strukturprinzipien der einzelnen Sozialleistungsbereiche bestehen, da auch die Leistungsvoraussetzungen sich weiterhin nach den für den jeweiligen Rehabilitationsträger geltenden Leistungsgesetzen richten. Da nach den Vorschriften des Sozialhilferechts die Betroffenen ihr Einkommen und Vermögens in bestimmten Grenzen einsetzen müssen, wird die Schlechterstellung psychisch kranker Menschen in der psychiatrischen Versorgung nicht behoben, soweit sie auf sozialhilfefinanzierte Leistungsangebote angewiesen sind.
Von Bedeutung für psychisch kranke Menschen sind die Vorschriften der §§ 26 Abs. 3 und 33 Abs. 6 SGB IX. Danach gehören zu den Leistungen zur medizinischen Rehabilitation und zur Teilhabe am Arbeitsleben auch psychologische und pädagogische Hilfen, soweit sie im Einzelfall erforderlich sind, um die jeweiligen Rehabilitationsziele zu erreichen und zu sichern. Damit erkennt der Gesetzgeber an, dass psychosoziale Leistungen Bestandteil insbesondere der medizinischen Rehabilitation sein können. Als Beispiele werden neben den Hilfen zur Krankheitsverarbeitung auch der Umgang mit Krisensituationen, die Aktivierung von Selbsthilfepotenzialen und das Training lebenspraktischer Fähigkeiten genannt. Diese Hilfen decken sich weitgehend mit denen, die im Bereich der Wohnheime für psychisch kranke Menschen und im Bereich des Betreuten Wohnens erbracht werden. → Betreutes Wohnen, Seite 124
Zumindest im Krankenversicherungsrecht ist es erforderlich, die vorgenannten psychosozialen Leistungen von den Leistungen zur allgemeinen sozialen Eingliederung abzugrenzen (§ 43 Abs. 1 Nr. 1 SGB V). Im Ergebnis ist für die Abgrenzung entscheidend, dass psychosoziale Leistungen bei der medizinischen Rehabilitation nicht isoliert, sondern integriert im Rahmen eines ärztlichen Behandlungsplans erbracht werden. Außerdem müssen Versorgungsverträge mit den Rehabilitationsträgern bestehen

(§§ 111 SGB V, 15 Abs. 2 SGB VI) und es muss bei Leistungen zur medizinischen Rehabilitation durch die Krankenversicherung die Einrichtung unter ärztlicher Verantwortung stehen (§ 107 Abs. 2 Nr. 2 SGB V). Ist dies nicht der Fall, handelt es sich um Leistungen der Teilhabe am Leben in der Gemeinschaft nach § 55 SGB IX.

Das gegliederte System hat zur Folge, dass für Rehabilitationsleistungen nach wie vor eine Vielzahl von Rehabilitationsträgern in Betracht kommt (§ 6 SGB IX). Auch die Träger der Sozialhilfe und Jugendhilfe sind nunmehr Rehabilitationsträger.

Die Gewährleistung einer einheitlichen Rehabilitationspraxis aller Rehabilitationsträger soll durch die Regelungen zur Kooperation und Koordination erreicht werden. Hierfür wurden auf der Grundlage des § 13 SGB IX gemeinsame Empfehlungen der Rehabilitationsträger vereinbart, die insbesondere eine frühzeitige Bedarfserkennung, einen schnellen Zugang zu den Leistungen sowie eine nahtlose, zügige und einheitliche Erbringung von Leistungen zur Teilhabe gewährleisten sollen. Die Empfehlungen sind erhältlich bei der Bundesarbeitsgemeinschaft für Rehabilitation:
www.bar-frankfurt.de → RPK-Empfehlungsvereinbarung, Seite 119

Soweit Angebote verschiedener Leistungsgruppen und mehrerer Rehabilitationsträger in Betracht kommen, sind die erforderlichen Leistungen in einem Teilhabeplan zusammenzufassen, um sicherzustellen, dass sie nahtlos ineinandergreifen. Von Bedeutung ist dies zum Beispiel, wenn für psychisch kranke oder suchtkranke Menschen mehrere Rehabilitationsleistungen nacheinander erforderlich sind. Allerdings sind die Sozialhilfe- und Jugendhilfeträger nur mittelbar in die Vereinbarung der gemeinsamen Empfehlungen einbezogen (§ 13 Abs. 5 SGB IX).

Aus Sicht der Betroffenen sind die gemeinsamen örtlichen Servicestellen der Rehabilitationsträger erste Ansprechpartner, falls hinsichtlich der Klärung des Rehabilitationsbedarfs, der Zuständigkeiten und des Verfahrens Beratungs- und Unterstützungsbedarf besteht (§ 22 Abs. 1 SGB IX). Nach § 60 SGB IX sollen rechtliche Betreuer die Betreuten einer gemeinsamen

Servicestelle, einer sonstigen Servicestelle für Rehabilitation oder einem Arzt zur Beratung über die geeigneten Leistungen zur Teilhabe vorstellen. Dies entspricht dem auch im Betreuungsrecht verankerten Rehabilitationsauftrag. In der Praxis erfüllen die gemeinsamen Servicestellen ihre Aufgaben nur unzureichend, da gerade im Hinblick auf die psychiatrische Versorgung und den Umgang mit psychisch kranken Menschen die Fachkenntnisse fehlen.

Behandlung und Versorgung im stationären Bereich

Stationäre psychiatrische Behandlung findet in erster Linie im psychiatrischen Krankenhaus statt. Daneben kommen stationäre Rehabilitationsmaßnahmen sowie Hilfen in Heimen in Betracht. Der Grundsatz »ambulant vor stationär« gebietet in allen Fällen den Vorrang ambulanter Hilfen, bevor es zu einer stationären Hilfe kommt.

⟵ **Krankenhausbehandlung**

Die Krankenhausbehandlung ist eine Leistung der gesetzlichen Krankenversicherung, auf die ein Rechtsanspruch besteht (§ 39 Abs. 1 SGB V). Krankenhausbehandlung findet vollstationär oder teilstationär statt. Demnach gehört hierzu nicht nur die vollstationäre Behandlung im psychiatrischen Krankenhaus, sondern auch die Behandlung in Tag- und Nachtkliniken. Daneben tritt die ambulante Behandlung durch die psychiatrischen Institutsambulanzen (§ 118 SGB V). Ein Anspruch auf vollstationäre Behandlung in einem durch die Krankenkassen zugelassenen Krankenhaus besteht, wenn und solange die Aufnahme erforderlich ist, weil das Behandlungsziel nicht durch teilstationäre oder ambulante Behandlung, einschließlich häuslicher Krankenpflege, erreicht werden kann (§ 39 Abs. 1 Satz 2 SGB V). Die immer kürzeren Verweildauern im psychiatrischen Krankenhaus belegen einerseits den Ausbau der ambulanten Versorgungsstrukturen als Alternative zur stationären Behandlung, andererseits aber auch den durch die Krankenkassen ausgeübten Druck, Patienten möglichst frühzeitig zu entlassen, selbst wenn die Voraussetzungen für eine stationäre Behandlung weiterhin vorliegen.

Die Auseinandersetzungen um die Erforderlichkeit der stationären Krankenhausbehandlung haben in den letzten Jahren mehrfach das Bundessozialgericht beschäftigt, wobei es jeweils um chronisch psychisch kranke Menschen ging, die sich teilweise jahrelang in psychiatrischer Krankenhausbehandlung befanden. Das Bundessozialgericht hat entschieden, dass sich die Notwendigkeit der Behandlung im psychiatrischen Krankenhaus allein nach medizinischen Gesichtspunkten richtet.

MERKE → **Es kommt bei der psychiatrischen Behandlung im Krankenhaus nicht so sehr auf die jederzeitige Erreichbarkeit der Ärzte und des Pflegepersonals an, sondern auf eine Gesamtbetrachtung der nach heutigen Behandlungskonzepten erforderlichen ärztlich verantworteten Behandlung unter Beteiligung nicht medizinischer Berufe im multiprofessionellen Team.**

Nicht ausreichend ist es allerdings, wenn durch das Krankenhaus nur Unterkunft und Verpflegung zur Verfügung gestellt werden und die Kontrolle der Arzneimitteleinnahme in gleicher Weise im häuslichen Umfeld oder in einer geschützten Einrichtung stattfinden könnte. Die Krankenkasse trägt nicht das Risiko der Wohnungslosigkeit, wenn die spezifischen Mittel des Krankenhauses zur Behandlung nicht mehr erforderlich sind, selbst wenn die ambulante Behandlungsalternative tatsächlich nicht sichergestellt ist. Auch die vormundschaftsgerichtliche Genehmigung der Unterbringung eines unter Betreuung stehenden psychisch erkrankten Versicherten entfaltet keine Bindungswirkung für die Krankenkasse hinsichtlich der Notwendigkeit der Krankenhausbehandlung (BSG in: R&P 2005, 30; 2005, 145; 2007, 140; 2008, 119). Allerdings darf die vormundschaftsgerichtliche Genehmigung einer Unterbringung nicht erfolgen, wenn die Behandlung nicht notwendig ist. Einer ärztlichen Behandlung bedarf der Betroffene in aller Regel auch im Fall der Unterbringung nach PsychKG oder UBG, so dass auch in diesem Fall die Kosten von der Krankenkasse zu übernehmen sind (siehe z. B. §§ 32, 33 PsychKGNRW). Nach dem heutigen Verständnis der Unterbringung als Krisenintervention im Rahmen eines Gesamtkonzepts psychiatrischer Hilfe sind Fälle, wonach die Unterbringung ausschließlich der Verwahrung oder dem Schutz der Öffentlichkeit dient, kaum noch denkbar.

→ Unterbringung nach PsychKG / UBG, Seite 71

Die zitierte Rechtsprechung des Bundessozialgerichts trägt zwar den modernen Entwicklungen der psychiatrischen Behandlung auch im stationären Bereich Rechnung und skizziert die Entwicklung der psychiatrischen Behandlung und Versorgung von der Psychiatrie-Enquete bis heute, ist aber nicht frei von Widersprüchen. Denn die beklagte »Drehtürpsychiatrie« wird durch die Verkürzung der Behandlungszeiten im psychiatrischen Krankenhaus eher verstärkt. Es ist zwar richtig, dass bestehende Defizite der psychiatrischen Versorgungsstruktur nicht generell zu Lasten der gesetzlichen Krankenkassen gehen dürfen. Dies trifft aber nicht zu, wenn die Krankenkassen für die strukturellen Defizite Verantwortung tragen, weil sie den Ausbau ambulanter Behandlungsangebote nicht ausreichend fördern oder verhindern.

← Leistungen zur medizinischen Rehabilitation

Auch stationäre Leistungen der medizinischen Rehabilitation dürfen nur erbracht werden, wenn eine ambulante Krankenbehandlung oder ambulante Rehabilitationsmaßnahmen nicht ausreichen (§ 40 Abs. 2 SGB V). Als Einrichtungen haben sich zunehmend die Rehabilitationseinrichtungen für psychisch kranke und behinderte Menschen (RPK) etabliert, die Leistungen zur medizinischen Rehabilitation und zur Teilhabe am Arbeitsleben im Rahmen eines integrierten Konzepts anbieten. Die Einzelheiten der Indikationsstellung, der Rehabilitationsziele, der Behandlungsfrequenz und Rehabilitationsdauer sowie der strukturellen und personellen Anforderungen an die Rehabilitationseinrichtungen für psychisch kranke und behinderte Menschen sind in der RPK-Empfehlungsvereinbarung vom 29.9.2005 geregelt. Noch stärker als im psychiatrischen Krankenhaus basiert die Behandlung auf einem interdisziplinären und multiprofessionellen Behandlungsansatz. Kostenträger (Rehabilitationsträger) sind in der Regel die gesetzliche Krankenversicherung oder die gesetzliche Rentenversicherung.

Auf stationäre Leistungen der medizinischen Rehabilitation besteht ein Rechtsanspruch, soweit es sich um von dem jeweiligen Rehabilitationsträger zugelassene Einrichtungen handelt. Hier bestehen Unterschiede zwischen den einzelnen Rehabilitationsträgern. Während im Krankenversicherungsrecht stationäre Rehabilitationseinrichtungen fachlich-medizinisch unter ständiger ärztlicher Verantwortung stehen müssen und die Behandlung sich an einem ärztlichen Behandlungsplan unter Einsatz medizinischer, psychologischer und pädagogischer Hilfen orientieren muss (§§107 Abs. 2 SGB V), ist dies im Rentenversicherungsrecht wegen der unterschiedlichen Zielsetzung nicht zwingend erforderlich. Vielmehr braucht die Einrichtung nicht unter ständiger ärztlicher Verantwortung zu stehen, wenn die Art der Behandlung dies nicht erfordert (§15 Abs. 2 SGB VI). Diese Vorschrift ermöglicht es insbesondere bei der Behandlung von suchtkranken Menschen, dass nicht nur die Einrichtungen der Entwöhnungsbehandlung, sondern auch die Nachsorge in Übergangseinrichtungen im Wege der medizinischen Rehabilitation von den Rentenversicherungsträgern finanziert werden. Entscheidend für das Vorliegen einer medizinischen Rehabilitationsmaßnahme ist hier das Ziel der Abstinenz, wodurch die Erwerbsfähigkeit des Betroffenen erhalten oder wiederhergestellt werden soll. Die Entgiftungsbehandlung im Krankenhaus ist dagegen eine Aufgabe der gesetzlichen Krankenversicherung.

Eine Übertragung auf die Einrichtungen für psychisch kranke Menschen scheitert neben den unterschiedlichen Zielsetzungen in der Regel daran, dass diese häufig die versicherungsrechtlichen Voraussetzungen für die Inanspruchnahme der Leistungen zur medizinischen Rehabilitation in der gesetzlichen Rentenversicherung nicht erfüllen und daher die Krankenkassen zuständig sind. Das Bundesverwaltungsgericht hat für eine vollstationäre Unterbringung in einer betreuten Wohngruppe entschieden, dass das Erfordernis der ständigen ärztlichen Verantwortung im Sinn des § 107 Abs. 2 SGB V nicht erfüllt ist, wenn die Einrichtung lediglich vierzehntägig durch einen externen Konsiliararzt besucht wird. Die für die medizinische Rehabilitationsmaßnahme im Sinn der gesetzlichen Krankenversicherung erforderliche Intensität ärztlicher Anleitung und Verantwortung sei dadurch nicht erreicht, auch wenn die Einrichtung nicht unter ärztlicher Leitung stehen müsse (BVerwG in: R & P 2004, 105). Es hängt daher von der Zielsetzung und Konzeption der jeweiligen Einrichtung ab, ob es sich um eine Einrichtung der medizinischen Rehabilitation handelt. Neben der ärztlichen Verantwortung spielt vor allem der Erwerb grundlegender Fähigkeiten eine Rolle, durch die psychisch kranke Menschen überhaupt erst in die Lage zu einer eigenständigen Lebensführung versetzt werden.

Die Folge der vorgenannten Rechtsprechung ist, dass stationäre Wohnheime in der psychiatrischen Versorgung in aller Regel nicht den Leistungen zur medizinischen Rehabilitation zuzuordnen sind, sondern den Leistungen zur Teilhabe am Leben in der Gemeinschaft gemäß § 55 Abs. 2 Nr. 6 SGB IX. Hier steht die alltägliche Lebensbewältigung im Vordergrund (z. B. Haushaltsführung, Freizeitgestaltung). Für die Kostenübernahme bedeutet dies, dass der Sozialhilfeträger zuständig ist mit allen Konsequenzen des Einsatzes von Einkommen und Vermögen durch die Betroffenen.

⟵ Leistungen zur Teilhabe am Arbeitsleben

Im Bereich der Leistungen zur Teilhabe am Arbeitsleben gehören zu den stationären Einrichtungen neben den Rehabilitationseinrichtungen für psychisch kranke und behinderte Menschen (RPK) die Berufsbildungs- und Berufsförderungswerke. Als Kostenträger (Rehabilitationsträger) kommen die Bundesagentur für Arbeit, die Rentenversicherungsträger und die Sozialhilfeträger in Betracht.

Behandlung und Versorgung im ambulanten Bereich

Die ambulante Versorgungsstruktur ist stärkeren Veränderungen ausgesetzt als die stationäre. Die Versorgung betrifft die Bereiche der Krankenbehandlung, der Arbeit und des Wohnens. Nicht alle Einrichtungen der sozialpsychiatrischen Versorgung sind sozialrechtlich finanziert. Die Sozialpsychiatrischen Dienste sind Teil der Gesundheitsverwaltung auf der Grundlage der PsychKGs oder, soweit kein PsychKG besteht, freiwillige Leistungen der Bundesländer oder Kommunen nach Maßgabe der jeweiligen Psychiatriepläne.

Die Krankenbehandlung ist Aufgabe der gesetzlichen Krankenversicherung. Dazu gehört auch die Versorgung in Notfällen und Krisen.

Notfalldienst, Seite 66

Die Krankenbehandlung wird als ärztliche und psychotherapeutische Behandlung durch zugelassene Ärzte, ärztliche und psychologische Psychotherapeuten sowie durch ärztlich verordnete Leistungen erbracht. Daneben treten die psychiatrischen Institutsambulanzen an psychiatrischen Krankenhäusern. Zur Krankenbehandlung gehören auch die Versorgung mit Arznei- und Heilmitteln sowie die Leistungen der häuslichen Krankenpflege, der Soziotherapie und der ambulanten medizinischen Rehabilitation.

Die Grundlagen für die Verordnung ambulanter Versorgung sind jeweils in den vom Gemeinsamen Bundesausschuss erlassenen Richtlinien geregelt. Diese sind im Internet abrufbar unter www.g-ba.de. Mit diesen Hilfen lässt sich vielfältigen psychiatrischen Problemlagen gerecht werden, soweit die Wohnsituation des Betroffenen gesichert ist und wohnortnahe Hilfeangebote bestehen. Durch eine bedarfsgerechte krankenkassenfinanzierte ambulante psychiatrische Versorgung lässt sich der Vorrang der ambulanten vor der stationären Versorgung in der Krankenversicherung sicherstellen. Die Praxis kann diese Vorgaben aber nicht immer einlösen. Teilweise sind die Indikationen für ihre Verordnung zu eng gefasst, teilweise bestehen zu hohe Hürden für die Leistungserbringer, teilweise ist der Umfang der Leistungen zu begrenzt. Insbesondere die Soziotherapie (§ 37 a SGB V), die der im Einzelfall erforderlichen Koordinierung der verordneten Leistungen sowie der Anleitung und Motivation zu deren Inanspruchnahme dient, darf nur für Betroffene mit einer schweren psychischen Erkrankung und Fähigkeitsstörungen in mehreren Bereichen verordnet werden.

Eine besondere Bedeutung ⟵ **Ambulante psychiatrische Krankenpflege** kommt daher der ambulanten psychiatrischen Krankenpflege (§ 37 SGB V) zu, die auch bei demenzkranken Personen, nicht aber bei Betroffenen mit schweren Persönlichkeitsstörungen und Suchterkrankungen verordnet werden darf. Die häusliche Krankenpflege dient im Rahmen der psychiatrischen Versorgung nicht nur der Sicherstellung der Medikamenteneinnahme, sondern auch der Hilfestellung bei der selbstständigen Bewältigung des Alltags, insbesondere in Krisensituationen. In diesem Sinn ist die ambulante psychiatrische Krankenpflege auch ein wichtiges Instrument der Krisenintervention.

Voraussetzung für die Verordnung dieser Pflege ist, dass eine im Haushalt lebende Person die Hilfe nicht erbringen kann (§ 37 Abs. 3 SGB V). Bei in der Familie lebenden Betroffenen ist daher zu klären, ob und inwieweit Angehörige die Aufgaben der häuslichen Krankenpflege übernehmen können.

Anspruch auf häusliche Krankenpflege besteht nicht nur im eigenen Haushalt, sondern auch in betreuten Wohnformen, Schulen und Kindergärten sowie bei besonders hohem Pflegeaufwand in Werkstätten für behinderte Menschen (§ 37 SGB V).

An welchen Orten und in welchen Fällen außerhalb des Haushalts und der Familie des Betroffenen Leistungen der häuslichen Krankenpflege erbracht werden können, legt der Gemeinsame Bundesausschuss in Richtlinien fest. Nach der bisherigen Rechtsprechung des Bundessozialgerichts ist dies nicht möglich in Behinderteneinrichtungen und Wohnheimen für psychisch kranke Menschen, in denen die Betroffenen wohnen sowie Kost und Logis als Leistungen der Eingliederungshilfe erhalten (BSG in: R&P 2006, 34). Die Kosten der häuslichen Krankenpflege sind dann vom Sozialhilfeträger im Rahmen der Hilfe bei Krankheit nach § 48 SGB XII oder der Eingliederungshilfe nach §§ 53 ff. SGB XII zu übernehmen, soweit häusliche Krankenpflege nicht bereits aufgrund des Heimvertrages vom Einrichtungsträger durch entsprechendes Pflegepersonal erbracht wird. Nach der Neufassung der Richtlinien zur häuslichen Krankenpflege besteht der Anspruch auch bei Aufenthalt in Einrichtungen, soweit kein Anspruch auf Erbringung von Behandlungspflege in der Einrichtung besteht wie z. B. in Krankenhäusern, Rehabilitationseinrichtungen und Pflegeheimen.

Auch Leistungen zur medizinischen Rehabilitation sollen vorrangig ambulant in zugelassenen Rehabilitationseinrichtungen oder in wohnortnahen Einrichtungen erbracht werden (§ 40 Abs. 1 SGB V). Dies kommt vor allem in Betracht, wenn die Wohnsituation des Betroffenen geklärt ist und keine negativen Einflüsse des sozialen Umfelds bestehen.

RPK-Empfehlungsvereinbarung, Seite 119

Die Behandlung durch die Institutsambulanzen (§ 118 SGB V) ist auf diejenigen Betroffenen auszurichten, die wegen Art, Dauer oder Schwere ihrer Erkrankung oder wegen zu großer Entfernung zu geeigneten Ärzten auf die Behandlung durch die Krankenhäuser angewiesen sind. Sie richtet sich also vor allem an chronisch kranke Betroffene, die durch andere Versorgungsangebote nur unzureichend erreicht werden.

Betreutes Wohnen

In vielen Fällen können Betroffene nach einer stationären Behandlung nicht in ihre alte Wohnung oder in ihr bisheriges Umfeld zurückkehren oder dort nicht mehr ohne Betreuung leben. In dieser Situation helfen die verschiedenen Formen des Betreuten Wohnens vom betreuten Einzelwohnen bis zu verschieden intensiv betreuten Wohngemeinschaften. Hierbei handelt es sich um Hilfen zu selbstbestimmtem Leben in betreuten Wohnmöglichkeiten im Rahmen der Leistungen der Teilhabe am Leben in der Gemeinschaft nach § 55 Abs. 2 Nr. 6 SGB IX. Für diese Hilfen besteht die originäre Zuständigkeit des Sozialhilfeträgers im Wege der Eingliederungshilfe für behinderte Menschen nach §§ 53, 54 SGB XII mit der Folge, dass die Betroffenen ihr Einkommen und Vermögen im Rahmen der sozialhilferechtlichen Vorschriften (§§ 82 ff. SGB XII) einsetzen müssen und auch ein Rückgriff gegen unterhaltspflichtige Angehörige nach § 94 SGB XII besteht. Dieser ist allerdings für Eltern volljähriger Personen, die Leistungen der Eingliederungshilfe beziehen, auf höchstens 26 Euro monatlich begrenzt. Da es sich beim Betreuten Wohnen in aller Regel nicht um eine Leistung der medizinischen Rehabilitation handelt, obwohl nach den bestehenden Leistungsvereinbarungen ein umfangreiches Leistungsspektrum von der Stabilisierung und Entwicklung von Fähigkeiten zur eigenständigen Lebensführung bis zur Krisenintervention erbracht wird, findet die Privilegierungsvorschrift des § 92 Abs. 2 SGB XII keine Anwendung, wonach bestimmte Sozialhilfeleistungen ohne Einsatz des Vermögens erbracht werden können.

⟵ Werkstatt für behinderte Menschen

Im Bereich der Hilfen zur Teilhabe am Arbeitsleben sind vor allem die Werkstätten für behinderte Menschen (WfbM) zu nennen, obwohl psychisch kranke Menschen zunehmend auf Arbeitsplätzen des sogenannten zweiten Arbeitsmarkts beschäftigt werden. Kostenträger in den WfbM sind im Eingangsverfahren und im Berufsbildungsbereich (in der Regel für zwei Jahre nach der Aufnahme) in aller Regel die Bundesagentur für Arbeit (§§ 97 ff. SGB III), im Arbeitsbereich der (zuständige) Sozialhilfeträger im Wege der Eingliederungshilfe nach §§ 53 ff. SGB XII. Allerdings muss der Betroffene auch im Arbeitsbereich sein Vermögen nicht und sein Einkommen nur ausnahmsweise einsetzen (§ 92 Abs. 2 SGB XII). Außerdem besteht kein Unterhaltsrückgriff auf Angehörige.

Zuständigkeiten und Zugang zu Leistungen

Die Gewährung von Sozialleistungen setzt in aller Regel einen Antrag voraus. Nur im Sozialhilferecht sind Leistungen mit Ausnahme der Grundsicherung im Alter und bei Erwerbsminderung ab Kenntnis des Bedarfs zu erbringen (§ 18 SGB XII).

Einen Antrag auf Sozialleistungen stellen und Sozialleistungen entgegennehmen kann, wer das 15. Lebensjahr vollendet hat (§ 36 Abs. 1 SGB I). Im Übrigen gelten auch im Sozialverwaltungsverfahren die Regelungen über die Geschäftsfähigkeit (§ 11 Abs. 1 Nr. 1 SGB X).

Antragstellung

Geschäftsfähigkeit, Seite 28

Ist ein Betroffener infolge einer psychischen Krankheit oder seelischen Behinderung nicht in der Lage, in dem Verwaltungsverfahren tätig zu werden, kann die Behörde bei dem Vormundschaftsgericht die Bestellung eines besonderen Vertreters anregen (§ 15 SGB X). Anträge sind beim zuständigen Leistungsträger zu stellen. Allerdings sind bei einem unzuständigen Leistungsträger oder einer nicht zuständigen Gemeinde gestellte Anträge unverzüglich an den zuständigen Leistungsträger weiterzuleiten. Als Antragsdatum ist auf den Antragseingang bei der unzuständigen Stelle abzustellen (§ 16 Abs. 1 und 2 SGB I), so dass sich aus der Antragstellung bei einem unzuständigen Leistungsträger keine Nachteile für die Betroffenen ergeben. Im Rahmen des Verwaltungsverfahrens bestehen Mitwirkungspflichten nach §§ 60 ff. SGB I. Der Betroffene hat insbesondere alle für die Leistung erheblichen Tatsachen anzugeben und auch der Erteilung der erforderlichen Auskünfte durch Dritte zuzustimmen (§ 60 Abs. 1 Nr. 1 SGB I). Bei Verletzung der Mitwirkungspflichten kann die Leistung ganz oder teilweise versagt werden (§ 66 SGB I). Es ist aber auf die individuelle Situation des Betroffenen abzustellen und eventuellen Beeinträchtigungen aufgrund einer psychischen Krankheit Rechnung zu tragen.

MERKE → **Ist zwischen mehreren Leistungsträgern streitig, wer zur Leistung verpflichtet ist, hat der zuerst angegangene Leistungsträger auf Antrag vorläufige Leistungen zu erbringen (§ 43 SGB I).**

Dadurch sollen Zuständigkeitskonflikte auf dem Rücken der Betroffenen vermieden werden. Diese Vorschriften gelten für alle Sozialleistungen.

Zuständigkeiten im Rehabilitationsrecht

Besondere Regelungen gelten für die Zuständigkeiten im Rehabilitationsrecht. Aus Sicht der Betroffenen bzw. der sie beratenden Mitarbeiter in den Einrichtungen ist es zunächst erforderlich, das konkrete Hilfsangebot einer bestimmten Leistungsgruppe und einem bestimmten Rehabilitationsträger zuzuordnen. Da für bestimmte Leistungen mehrere Rehabilitationsträger in Betracht kommen können, hat der Gesetzgeber jeweils den vorrangig zuständigen Rehabilitationsträger festgelegt.

Für Leistungen zur medizinischen Rehabilitation kommen in erster Linie die gesetzlichen Krankenkassen und die Träger der gesetzlichen Rentenversicherung (DRV Bund und Regionalträger) in Betracht, soweit nicht wegen einer besonderen Ursache die Träger der gesetzlichen Unfallversicherung oder der Kriegsopferversorgung im Rahmen des sozialen Entschädigungsrechts zuständig sind. In § 40 Abs. 4 SGB V ist der Nachrang der Leistungen der gesetzlichen Krankenversicherung geregelt.

MERKE → **Für Leistungen der medizinischen Rehabilitation ist der Träger der gesetzlichen Rentenversicherung zuständig, soweit der Betroffene die persönlichen und versicherungsrechtlichen Voraussetzungen der §§ 10, 11 SGB VI erfüllt, anderenfalls der Träger der gesetzlichen Krankenversicherung.**

Für Leistungen zur Teilhabe am Arbeitsleben kommen in erster Linie die Bundesagentur für Arbeit und die Träger der gesetzlichen Rentenversicherung in Betracht. Hier ist der Nachrang der Leistungen der Bundesagentur für Arbeit in § 22 Abs. 2 SGB III geregelt.

Da für Leistungen zur Teilhabe am Arbeitsleben durch die gesetzliche Rentenversicherung in der Regel eine Wartezeit von 15 Jahren erfüllt sein muss, verbleibt es in der Praxis häufig bei der Zuständigkeit der Bundesagentur für Arbeit.

MERKE → **Für Leistungen zur Teilhabe am Leben in der Gemeinschaft besteht eine originäre Zuständigkeit der Sozialhilfeträger und der Jugendhilfeträger bei jungen seelisch behinderten Menschen.**

Die Krankenkassen, die Rentenversicherungsträger und die Bundesagentur für Arbeit sind für die Leistungen der Teilhabe am Leben in der Gemeinschaft nicht zuständig, so dass der grundsätzlich bestehende Nachrang der Sozialhilfe (§2 SGB XII) bzw. Jugendhilfe (§10 Abs.1 SGB VIII) nicht greift. Für seelisch behinderte junge Menschen (bis zur Vollendung des 27. Lebensjahrs) besteht eine vorrangige Zuständigkeit des Jugendhilfeträgers (§10 Abs.4 SGB VIII). Eine Hilfegewährung durch den Jugendhilfeträger kommt aber in der Regel nur bis zur Vollendung des 21. Lebensjahres in Betracht und kann nur in begründeten Einzelfällen darüber hinaus verlängert werden (§41 Abs.1 SGB VIII).

← **Zuständigkeitserklärung**

Die Vorschrift des §14 SGB IX über die Zuständigkeitserklärung soll einen schnellen Leistungszugang gewährleisten gerade in Fällen, in denen es aufgrund des gegliederten Systems zu Zuständigkeitskonflikten kommt. Diese sollen nicht zu Lasten des Betroffenen gehen. Vielmehr soll dieser die erforderlichen Rehabilitationsleistungen so schnell wie möglich erhalten.

MERKE → **§14 SGB IX verpflichtet den Rehabilitationsträger, bei dem der Antrag gestellt wird, innerhalb von zwei Wochen ab Antragseingang festzustellen, ob er für die beantragte Leistung zuständig ist.**

Stellt der Rehabilitationsträger fest, dass er für die Leistung nicht zuständig ist, leitet er den Antrag unverzüglich (d.h. spätestens am 15. Tag nach Antragseingang) an den nach seiner Auffassung zuständigen Rehabilitationsträger weiter.

Wird der Antrag nicht weitergeleitet, stellt der Rehabilitationsträger den Rehabilitationsbedarf unverzüglich fest und entscheidet innerhalb von drei Wochen nach Antragseingang. Wird der Antrag weitergeleitet, entscheidet der Rehabilitationsträger, an den der Antrag weitergeleitet wurde, innerhalb von drei Wochen nach Antragseingang bei ihm. Es können also höchstens fünf Wochen bis zur Entscheidung über den Rehabilitationsantrag vergehen.

Länger dauern kann es, wenn für die Feststellung des Rehabilitationsbedarfs (nicht der Zuständigkeit) ein Gutachten eingeholt werden muss. In diesem Fall ist die Entscheidung innerhalb von zwei Wochen nach Eingang des Gutachtens zu treffen. Eine zweite Weiterleitung des Rehabilitationsantrags ist unzulässig. Dies gilt nach dem ausdrücklichen Willen des Gesetzgebers, der inzwischen von der Rechtsprechung bestätigt wurde, selbst für den Fall, dass der Rehabilitationsträger, an den der Antrag weitergeleitet wurde, für die beantragte Leistung gar nicht Rehabilitationsträger nach § 6 SGB IX sein kann. Es kann also vorkommen, dass ein Sozialversicherungsträger über einen Antrag auf Leistungen zur Teilhabe am Leben in der Gemeinschaft entscheiden muss, wenn der Antrag (fälschlicherweise) an ihn weitergeleitet wurde. § 14 SGB IX gilt nicht nur für den Bereich der sachlichen Zuständigkeit, sondern auch für die örtliche Zuständigkeit, wenn z. B. zwei Sozialhilfeträger ihre Zuständigkeit bestreiten. Für stationäre Hilfen nach dem SGB XII ist daneben die Regelung des § 98 Abs. 2 Satz 3 SGB XII anwendbar, die eine vorläufige Leistungsverpflichtung des Sozialhilfeträgers festlegt, in dessen Bereich sich der Betroffene tatsächlich aufhält. Für Jugendhilfeträger besteht eine entsprechende Vorschrift in § 86 d SGB VIII.

In der Praxis wird die Vorschrift des § 14 SGB IX immer noch nicht durchgehend beachtet. Die Rehabilitationsträger stellen sich aber zunehmend auf die gesetzlich vorgegebenen Fristen ein und berücksichtigen dabei die gemeinsame Empfehlung zur Zuständigkeitserklärung vom 8.11.2005, die auf der Grundlage des § 13 Abs. 2 Nr. 3 SGB IX vereinbart wurde. Allerdings sind die Sozialhilfe- und Jugendhilfeträger an dieser Vereinbarung nicht beteiligt. Konflikte treten in der Praxis daher vor allem bei Zuständigkeitskonflikten zwischen diesen beiden Rehabilitationsträgern auf.

Leistungen durch Dienste und Einrichtungen

Der Rechtsanspruch der Betroffenen auf Hilfen nach dem Sozialgesetzbuch hängt zunehmend davon ab, ob die Leistungserbringer Verträge mit den Sozialleistungsträgern abgeschlossen haben. Dies betrifft nicht nur Hilfen in Einrichtungen, sondern auch Hilfen durch andere Leistungserbringer, insbesondere im Krankenversicherungsrecht (so z.B. bei der Versorgung mit häuslicher Krankenpflege und Soziotherapie: §§ 132 a, 132 b SGB V). Teilweise ist die Leistungserbringung von einer Zulassung abhängig (so z.B. für Ärzte und Psychotherapeuten nach §§ 95 ff. SGB V, Ergotherapeuten nach § 124 SGB V und die Pflegeeinrichtungen nach § 72 SGB XI: Zulassung durch Versorgungsvertrag). Bei den Zulassungsvoraussetzungen wird auf die berufsrechtlichen Regeln der jeweiligen Berufsgruppe Bezug genommen (so z.B. für die Ergotherapeuten § 124 Abs. 2 Nr. 1 SGB V). Daneben sind im Leistungserbringungsrecht untergesetzliche Normen zu beachten (Rahmenempfehlungen, Richtlinien, Rahmenverträge), deren rechtliche Verbindlichkeit sehr unterschiedlich sein kann. Jedenfalls müssen sich die untergesetzlichen Regelungen im Rahmen der gesetzlichen Vorgaben und Ermächtigungen halten. Sie enthalten aber gerade für die Praxis wichtige Hinweise zu den notwendigen Leistungsinhalten, den Qualitätsanforderungen und den Grundsätzen der Vergütung.

Bei der Kostenübernahme für Dienste und Einrichtungen ist damit von einem sozialrechtlichen Dreiecksverhältnis auszugehen. Rechtliche Beziehungen bestehen zwischen

- dem Hilfeempfänger und dem Sozialleistungsträger (Sozialleistungsverhältnis),
- dem Hilfeempfänger und dem Dienst bzw. der Einrichtung (z.B. Behandlungs-, Betreuungs- oder Heimvertrag) und
- dem Dienst bzw. der Einrichtung und dem Sozialleistungsträger (z.B. Versorgungsvertrag, Vereinbarung).

Der Anspruch des Betroffenen auf die im Einzelfall erforderliche Sozialleistung sowie die Rechtsbeziehungen zwischen dem Leistungserbringer und dem Sozialleistungsträger haben ihre Grundlage im Sozialrecht, während der Vertrag zwischen dem Betroffenen und dem Leistungserbringer dem Zivilrecht zuzuordnen ist. → Behandlungs- und Betreuungsvertrag, Seite 48

Eine Hilfegewährung außerhalb der vorgenannten Verträge und Vereinbarungen kommt nur ausnahmsweise in Betracht, insbesondere wenn die im Einzelfall erforderliche Hilfe nicht »im System« erbracht werden kann. § 21 SGB IX macht darüber hinaus für alle Rehabilitationsträger verbindliche Vorgaben für die Verträge mit den Leistungserbringern.

Für die psychiatrische Versorgung von besonderer Bedeutung sind daneben die Vorschriften der §§ 75 ff. SGB XII, soweit es sich um sozialhilfefinanzierte Einrichtungen handelt. Der Träger der Sozialhilfe ist danach nur zur Übernahme der Vergütung für eine in einer Einrichtung erbrachten Leistung verpflichtet, wenn mit dem Träger der Einrichtung eine Vereinbarung besteht über

- Inhalt, Umfang und Qualität der Leistungen (Leistungsvereinbarung);
- die Vergütung, die sich aus Pauschalen (Grundpauschale und Maßnahmepauschale) und Beträgen für einzelne Leistungsbereiche zusammensetzt (Vergütungsvereinbarung);
- die Prüfung der Wirtschaftlichkeit und Qualität der Leistungen (Prüfungsvereinbarung).

Die Vereinbarungen mit den Sozialhilfeträgern müssen den Grundsätzen der Wirtschaftlichkeit, Sparsamkeit und Leistungsfähigkeit entsprechen (§ 75 Abs. 3 SGB XII). Die Maßnahmepauschale wird nach Gruppen für Leistungsberechtigte mit vergleichbarem Bedarf kalkuliert (§ 76 Abs. 2 Satz 3 SGB XII). Hier besteht die Gefahr, dass die im Einzelfall bedarfsgerechte Hilfe im Sinn des § 9 Abs. 1 SGB XII nicht erbracht wird. Einrichtungen bzw. deren Träger haben nach überwiegender Auffassung keinen Rechtsanspruch auf Abschluss einer Vereinbarung nach §§ 75 ff. SGB XII, sondern nur auf ermessensfehlerfreie Entscheidung über den Abschluss einer Vereinbarung. Dabei wird vor allem auf die inhaltliche und wirtschaftliche Leistungsfähigkeit abgestellt. Bedarfsgesichtspunkte dürfen bei der Ermessensentscheidung keine Rolle spielen. Die Vereinbarungen sind nach § 77 Abs. 1 SGB XII vor Beginn der jeweiligen Wirtschaftsperiode für einen künftigen Vereinbarungszeitraum (Grundsatz der Prospektivität) abzuschließen. Liegen die Voraussetzungen für eine Kostenübernahme in einer Einrichtung durch den Sozialhilfeträger vor, sind die Leistungen der Eingliederungshilfe vollständig an den Einrichtungsträger zu bezahlen, auch wenn im Einzelfall ein Kostenbeitrag des Betroffenen aufgrund seiner Einkommensverhältnisse erhoben wird (§ 92 Abs. 1 SGB XII, »Bruttoprinzip«). Nicht zulässig ist es, den Kostenbeitrag des Betroffenen abzuziehen und von der Einrichtung erheben zu lassen.

Persönliches Budget

Mit dem Persönlichen Budget versucht der Gesetzgeber, die starren Grenzen des gegliederten Systems im Bereich des Sozialrechts und der Rehabilitation zu überwinden und den Betroffenen mehr Eigenverantwortung für ein selbstbestimmtes Leben einzuräumen (§ 17 Abs. 2 SGB IX). Das Persönliche Budget wird von den beteiligen Rehabilitationsträgern als trägerübergreifende Komplexleistung erbracht. Neben den in § 6 SGB IX genannten Rehabilitationsträgern werden in die Regelungen über das Persönliche Budget auch die Pflegekassen und die Integrationsämter einbezogen.

Es handelt sich bei dem Persönlichen Budget um eine Ausführungsmodalität, die einen Anspruch auf die jeweiligen Sozialleistungen voraussetzt. Die Betroffenen sollen selbst als Experten in eigener Sache darüber entscheiden, welche Hilfen sie zu welchem Zeitpunkt und durch welchen Dienst benötigen. Sie werden damit zu Kunden, die als Arbeitgeber und Auftraggeber Dienstleistungen einkaufen können, die ihren Bedarf abdecken.

Die Persönlichen Budgets werden in der Regel als Geldleistung ausgeführt (§ 17 Abs. 3 SGB IX). Eine Bindung an die Vorgaben des Leistungserbringungsrechts besteht nicht, sofern das Persönliche Budget bedarfsgerecht verwendet wird. Insoweit können auch neue Formen der sozialen Dienstleistungen entstehen. Pflegesachleistungen nach dem SGB XI können allerdings nur in Form von Gutscheinen zur Inanspruchnahme zugelassener Pflegeeinrichtungen zur Verfügung gestellt werden (§ 35 a SGB XI).

Das Persönliche Budget ist so zu bemessen, dass der individuell festgestellte Bedarf gedeckt wird. Dies beinhaltet auch die erforderliche Beratung und Unterstützung für die Inanspruchnahme des Persönlichen Budgets. Im Rahmen der Bedarfsfeststellung ist eine Zielvereinbarung abzuschließen, in der die individuellen Förder- und Leistungsziele, die Erforderlichkeit eines Nachweises für die Bedarfsdeckung und die Qualitätssicherung zu regeln sind (§ 4 Budgetverordnung). Die Höhe des Persönlichen Budgets soll die Kosten der individuell zu erbringenden Leistungen nicht übersteigen.

Budgetfähig sind alle Leistungen der zuvor genannten Leistungsträger, die sich auf alltägliche und regelmäßig wiederkehrende Bedarfe richten. Für psychisch kranke Betroffene kommen z. B. die Leistungen der Eingliederungshilfe für behinderte Menschen in Form des Betreuten Wohnens und die Leistungen der häuslichen Krankenpflege, aber auch begleitende Hilfen im Arbeitsleben in Betracht.

Seit dem 1. 1. 2008 besteht ein Rechtsanspruch auf das Persönliche Budget. Der Betroffene hat also die Wahl, ob er Sozialleistungen weiterhin als Sachleistungen oder in Form des Persönlichen Budgets in Anspruch nehmen möchte. Der Antrag auf Persönliches Budget kann bei einem der beteiligten Leistungsträger oder bei einer gemeinsamen Servicestelle gestellt werden. Der nach § 14 SGB IX zuständige Leistungsträger hat das Verfahren unter Beteiligung der anderen Leistungsträger durchzuführen und die erforderlichen Bescheide im Auftrag der anderen beteiligten Leistungsträger auszustellen. Der Betroffene hat es also nur mit einem Leistungsträger zu tun und erhält von diesem die erforderlichen Leistungen »aus einer Hand«, unabhängig davon, wie viele Leistungsträger an dem Verfahren beteiligt sind.

Die Inanspruchnahme des Persönlichen Budgets setzt nach ganz überwiegender Auffassung nicht Geschäftsfähigkeit der Betroffenen voraus. Allerdings sind die Regeln der Geschäftsfähigkeit im Rahmen der Antragstellung sowie bei vertraglichen Regelungen zu beachten.
Im Übrigen kann erhöhter Beratungs- und Unterstützungsbedarf bestehen. Dies betrifft sowohl das Verfahren bei Beantragung des Persönlichen Budgets, vor allem bei der Bedarfsbemessung, als auch die Unterstützung während der Inanspruchnahme des Persönlichen Budgets, insbesondere bei Vertragsverhandlungen mit den Leistungserbringern und der Abrechnung der Leistungen. Der individuell erforderliche Beratungs- und Unterstützungsbedarf ist bei der Bedarfsbemessung zu berücksichtigen, soweit er nicht durch die Sozialleistungsträger oder Beratungsstellen, insbesondere der freien Wohlfahrtspflege, erfüllt wird (§§ 17 Abs. 3 Satz 3 SGB IX, 11 Abs. 2 Satz 4 SGB XII).
Noch nicht abschließend geklärt ist, inwieweit auch die Kosten einer Budgetassistenz zu übernehmen sind. Dafür sprechen die vorgenannten Vorschriften sowie die Zielsetzungen des Persönlichen Budgets. Gerade psychisch kranke Menschen sollen befähigt werden, eigenverantwortlich ihre Angelegenheiten zu regeln. Insoweit können zwar Überschneidungen zwischen den Aufgaben der rechtlichen Betreuer und der Budgetassistenz bestehen. Im Rahmen des betreuungsrechtlichen Erforderlichkeitsgrundsatzes sind die Leistungen der Rehabilitation und Teilhabe aber vorrangig in Anspruch zu nehmen. Dies schließt nicht aus, dass der rechtliche Betreuer Aufgaben bei der Inanspruchnahme des Persönlichen Budgets wahrzunehmen hat.

Nachwort

Das Persönliche Budget ist ein gutes Beispiel dafür, dass der Gesetzgeber den Betroffenen mehr Selbstbestimmung einräumt, die praktische Umsetzung aber weitgehend noch nicht gelungen ist. Werden die Betroffenen zu Kunden, werden sich auch die Beziehungen zu den Mitarbeitern psychiatrischer Einrichtungen verändern. Ausgelöst durch die UN-Konvention über die Rechte behinderter Menschen wird die Diskussion der kommenden Jahre außerdem von der Frage bestimmt werden, inwieweit überhaupt besondere rechtliche Regelungen zulässig sind, die an das Merkmal der psychischen Krankheit oder seelischen Behinderung anknüpfen. Insoweit befinden sich die rechtlichen Grundlagen der Arbeit in psychiatrischen Einrichtungen in ständiger Bewegung, so dass es notwendig ist, die aktuellen Entwicklungen im Auge zu haben. Hierbei helfen die Fachzeitschriften »Recht & Psychiatrie« sowie »Psychosoziale Umschau«.

Anhang

Literatur

Brühl, A. u. a. (2007): Handbuch Sozialrechtsberatung. 2. Auflage, Baden-Baden.

Crefeld, W. (1990): Aufgabe und Selbstverständnis des Sachverständigen im Entmündigungs- bzw. Betreuungsverfahren, in Brill, K.-E.: »Zum Wohle der Betreuten«. Bonn.

Crefeld, W. (2005): Gesundheitsberichterstattung zur Anwendungspraxis des Unterbringungsrechts nach dem PsychKG NRW und dem Betreuungsrecht des Bundes. Bochum.

Dietz, A. u. a. (1998): Behandlungsvereinbarungen. Bonn.

Jürgens, A.; Kröger, D.; Marschner, R.; Winterstein P. (2007): Betreuungsrecht kompakt. 6. Auflage, München.

Marschner, R. (2008): Psychisch Kranke im Recht. Bonn.

Marschner, R.; Volckart, B. (2001): Freiheitsentziehung und Unterbringung. 4. Auflage, München.

Nedopil, N. (2007): Forensische Psychiatrie. 3. Auflage, Stuttgart.

Thorwart, J. (1998): Berufliche Verschwiegenheit. München.

Volckart, B.; Grünebaum, R. (2009): Maßregelvollzug. 7. Auflage, Neuwied.

Ausgewählte Internetadressen

www.bundesgerichtshof.de Die Entscheidungen des Bundesgerichtshof ab 2000 können im Internet runtergeladen werden.

www.bundessozialgericht.de Die Entscheidungen des Bundessozialgericht sind ab 2005 abrufbar.

www.bar-frankfurt.de Die Bundesarbeitsgemeinschaft für Rehabilitation (bar) hält Empfehlungen der Rehabilitationsträger vor.

www.btprax.de Die führende Fachzeitschrift auf dem Gebiet des Betreuungsrechts (Btprax) bietet Informationen und konkrete Praxishilfe zum Betreuungsrecht.

www.forensik.de Internetportal zu Fragen der forensischen Psychiatrie.

www.g-ba.de Der Gemeinsame Bundesausschuss (G-BA) der Ärzte, Zahnärzte, Psychotherapeuten, Krankenhäuser und Krankenkassen bestimmt in Form von Richtlinien den Leistungskatalog der Gesetzlichen Krankenversicherung.

www.vgt-ev.de In der Infothek des Vormundschaftsgerichtstag e.V. (vgt) finden Sie allgemeine Informationen zum Betreuungsrecht.

Stichwortverzeichnis

Psychosoziale Umschau

Diese mit Abstand auflagenstärkste psychiatrische Zeitschrift wird vom Dachverband Gemeindepsychiatrie e.V., der Familien-Selbsthilfe Psychiatrie (=Bundesverband der Angehörigen psychisch Kranker) und der Aktion Psychisch Kranker herausgegeben. Die Psychosoziale Umschau stellt nicht nur Beispiele sozialpsychiatrischer Versorgungspraxis und Behandlung mit Modellcharakter vor, sie informiert darüber hinaus über aktuelle sozialrechtliche und gesundheitspolitische Fragen, Arbeits- und Rehabilitationsprojekte, Tagungen und Neuerscheinungen und natürlich auch über die Arbeit der Verbände. Mit jeweils eigenen Seiten für die Angehörigen-Selbsthilfe und die Psychiatrie-Erfahrenen haben auch alle jenen einen festen Platz, denen die psychiatrische Versorgung dient. Die Umschau ist unentbehrlich für alle, die aktiv an der Diskussion um die psychiatrische Versorgung teilnehmen, konkrete Hilfen bei der Umsetzung personenzentrierter Hilfen in der Praxis suchen und wissen wollen, was die Nutzer davon halten.

http://verlag.psychiatrie.de/zeitschriften/psu/

Redaktion: Jörk Holke, Bonn; Karin Koch, Bonn; Beate Lisofsky, Berlin; Christian Zechert, Bielefeld

Erscheinungsweise: vierteljährlich

Bezugspreise: 27 Euro (Ausland 32). Studierende zahlen 17 Euro (Ausland 22). Das Einzelheft kostet 8 Euro, E-Paper (PDF): 23 Euro

Einzelbeiträge können Sie ab 2007 schnell, preiswert und unkompliziert bei DocCheck Pro downloaden.

Psychiatrie-Verlag GmbH
Telefon (02 28) 7 25 34-11, Fax (02 28) 7 25 34-20,
E-Mail: verlag@psychiatrie.de, Internet: www.psychiatrie-verlag.de